C.H.BECK  WISSEN

in der Beck'schen Reihe
2052

Obgleich „Wahrheit" ein Thema der Philosophie seit ihren historischen Anfängen war, haben sich, mit besonderem Gewicht in der Gegenwart, „Wahrheitstheorien" als eigenes philosophisches Teilgebiet unseres Jahrhunderts etabliert, seit in der Philosophie der sogenannte *linguistic turn* stattgefunden hat. Auslöser dieser Wende waren einerseits das verstärkte Auseinanderdriften von Philosophie und den sogenannten exakten Wissenschaften (vor allem Mathematik und Physik), andererseits die Entwicklung, daß diese modernen Wissenschaften den Philosophien traditionelle Zuständigkeiten streitig machten, um sogleich, in begriffliche Grundlagenkrisen geratend, neue philosophische Fragen und Probleme zu produzieren.

Galt Wahrheit seit der Antike als etwas Absolutes und Unumstößliches, unabhängig davon, ob der Mensch Wahrheit zu erkennen vermag oder nicht, so findet der Wahrheitssuchende heute einen Dschungel von Ansätzen, Vorschlägen, Antworten, Problematisierungen und Skeptizismen. In dieser Situation wählt der Marburger Philosoph Peter Janich einen Mittelweg zwischen Absolutheitsanspruch und bloßem Relativismus, den er die „kulturalistische Lösung" nennt. Denn bei der Besinnung auf die Möglichkeit des Erkennens von Wahrheit stellt sich heraus, daß die Menschheit nicht am Nullpunkt der Wahrheitssuche steht, sondern daß das Fragliche immer relativ zum praktisch Bewährten zu sehen ist. Zugleich stellt sich heraus, daß die Wahrheit kein menschenunabhängiger Selbstzweck ist, sondern daß sie Menschen dazu dient, sich in der Welt einzurichten und zurechtzufinden: In der kulturalistischen Sicht wird Wahrheit vom Selbstzweck zum Mittel.

Peter Janich, geboren 1942, ist Professor für Philosophie an der Universität Marburg. Viele seiner zahlreichen Veröffentlichungen gelten der Philosophie und Geschichte der Naturwissenschaften. Im Verlag C. H. Beck erschienen „Wissenschaftstheorie und Wissenschaftsforschung" (Hrsg.), 1981; „Euklids Erbe. Ist der Raum dreidimensional?" 1989; und „Grenzen der Naturwissenschaft. Erkennen als Handeln" (BsR 463), 1992.

Peter Janich

WAS IST WAHRHEIT?

Eine philosophische Einführung

Verlag C.H.Beck

Die Deutsche Bibliothek – CIP-Einheitsaufnahme

Janich, Peter:
Was ist Wahrheit? : eine philosophische Einführung /
Peter Janich. – Orig.-Ausg. – München : Beck, 1996
  (Beck'sche Reihe ; 2052 : C.H. Beck Wissen)
  ISBN 3 406 41052 9
NE: GT

Originalausgabe
ISBN 3 406 41052 9

Umschlagentwurf von Uwe Göbel, München
© C. H. Beck'sche Verlagsbuchhandlung (Oscar Beck), München 1996
Gesamtherstellung: C. H. Beck'sche Buchdruckerei, Nördlingen
Gedruckt auf säurefreiem, alterungsbeständigem Papier
(hergestellt aus chlorfrei gebleichtem Zellstoff)
Printed in Germany

Inhalt

I. Einleitung

1. Wissen, was Wahrheit ist?

Die Frage „Was ist Wahrheit?" wird gern als die rhetorische Frage von Pilatus an Jesus (Joh. 18, 38) zitiert, um zumindest auf die Schwierigkeiten gerechter Urteilsbildung, wenn nicht gar skeptisch auf die Unmöglichkeit von Wahrheitsfindung hinzuweisen. Und die Frage wird üblicherweise in dem doppelten Sinne verstanden, daß sie nach der Wahrheit eines bestimmten, einzelnen Urteils fragt und zugleich die allgemeine Frage nach der Bestimmung des Wahrheitsbegriffs selbst aufwirft. In der Offenheit oder Skepsis, die beim Zitieren der Pilatus-Frage mitschwingt, mag nicht nur die Lebenserfahrung zum Ausdruck kommen, wie schwierig oder unmöglich es manchmal sein kann, ein Urteil zu fällen – zumal, wo es um Schuld oder Verdienst anderer Menschen oder um Parteinahme in einem Streit geht; es mag darin auch eine diffuse Befürchtung zum Ausdruck kommen, es könne vielleicht gar *kein Wissen* geben, das eine Beantwortung der *Frage nach dem Wahrheitsbegriff* leistet.

Ein Buch mit dem Titel „Was ist Wahrheit?" muß in einer Buchreihe mit dem Serientitel „Wissen" die Befürchtung auslösen, Unmögliches zu wollen – jedenfalls, wenn der Serientitel „Wissen" z. B. auf thematisch wohlbegrenzte Ergebnisse der Natur- oder der historischen Wissenschaften verweist. Ist die Erwartung berechtigt, es könnte zum *Begriff der Wahrheit* in ähnlicher Weise ein *philosophisches Wissen* geben, das, disziplinär beschränkt und nach Methoden kanonisiert, wie das Wissen der Naturwissenschaften etwa über die Sonne oder über Psychopharmaka, oder das Wissen der historischen Wissenschaften etwa über die römische oder die jüdische Geschichte, von einem Fachmann übersichtlich und verständlich nur noch dargestellt werden müßte?

Die Tatsache, daß Philosophie im Laufe der Universitätsgeschichte zu einem institutionell klar begrenzten, eigenen Lehrfach geworden ist, und die Tatsache, daß in dieser Universitätsdisziplin vor allem Philosophiegeschichte gelehrt wird, legen wohl für die meisten Interessenten an der Philosophie (sofern sie selbst keine professionellen Philosophen sind) die Vermutung nahe, es könnte ein solches kanonisches philosophisches Wissen von der Wahrheit geben – und zwar als die *Philosophiegeschichte des Wahrheitsproblems.* Immerhin schiene eine solche Erwartung die Autorität von Aristoteles auf ihrer Seite zu haben, wonach Philosophie in erster Linie Theorie oder Wissenschaft von der Wahrheit sei. Und sie dürfte sich darauf berufen, daß auch ein großer Teil der professionellen Philosophen keinen Unterschied zwischen Philosophie und Philosophiegeschichte macht – wie schon Immanuel Kant beklagte: „Es gibt Gelehrte, denen die Geschichte der Philosophie (der alten sowohl, als neuen) selbst ihre Philosophie ist" (Prolegomena zu einer künftigen Metaphysik, die als Wissenschaft wird auftreten können, 1783).

Die Erwartung, die Frage nach der Wahrheit ließe sich aus der Hand des professionellen Philosophiehistorikers als Lehrbuchwissen in Form einer Philosophiegeschichte genauso beantworten wie Was-ist-Fragen nach der Materie, der Neurose, der Revolution oder dem Roman, ruft – vor allem bei Anhängern der Natur- und Technikwissenschaften – Skepsis hervor. Ihnen erscheint die Vielfalt der historischen Lehrmeinungen primär als Zerstrittenheit der Philosophen, denen kein Erkenntnisfortschritt vergleichbar dem der naturwissenschaftlich-technischen Fächer gelungen sei. Häufig wird auch der Gegenstand der Philosophie oder das Fehlen empirischer und mathematischer Methoden für deren angeblichen Mißerfolg verantwortlich gemacht. Deshalb sei die Erwartung verfehlt, es könne ein allgemein anerkanntes Wissen ausgemacht werden davon, was Wahrheit sei.

Dem naturwissenschaftlichen Skeptiker gegenüber der Philosophie ist jedoch einfach zu begegnen: Ihm sollte nämlich schon der Hinweis genügen, daß ein Vergleich von Naturwissenschaften und Philosophie selbst *kein Thema der Naturwissenschaften* sein kann, also selbst nicht nach den Kriterien und mit den Methoden entschieden wird, denen die Naturwissenschaften ihren Erfolg verdanken; vielmehr macht sich der naturwissenschaftliche Skeptiker gegenüber der Philosophie mit dieser Skepsis selbst zum Philosophen und setzt sich damit der philosophischen Nachfrage nach Klarheit und Wahrheit seiner Einschätzungen von Wissenschaft und Philosophie aus. Der Skeptiker kann, bei ernsthafter Überlegung seiner eigenen Meinungen zur Philosophie, feststellen, daß er falsche Erwartungen an die Philosophie richtet, wenn er von ihr fertige Antworten im Sinne eines positiven Wissens erhofft, das nach angebbaren Kriterien gilt; und von diesen Kriterien ihrerseits erwartet, sie sollen zumindest in dem Sinne feststehen, daß sie tatsächlich von der Gemeinschaft der Experten eines Faches anerkannt sind. Solche Erwartungen verdanken sich keiner naturwissenschaftlichen Erkenntnis, sondern einem philosophischen Irrtum.

Anders liegen die Verhältnisse, wo Philosophie mit Philosophiegeschichte verwechselt wird. Der Geisteshistoriker nämlich, der die philosophische Frage nach der Wahrheit in der historischen Abfolge der Antworten durch frühere Autoren beantwortet sehen möchte und dies als philosophisches Wissen wertet, ist weit schwieriger davon zu überzeugen, daß er sich selbst ein gravierendes philosophisches (und nicht ein philosophiehistorisches) Problem eingehandelt hat. Immerhin läßt sich jedem philosophisch Interessierten erklären, daß schon die Rede von *Philosophiegeschichte* insofern zweideutig ist, als das Wort Geschichte sowohl *Geschehen* als auch *Geschichtsschreibung* bedeutet und damit die Frage zuläßt, welches (historische) Wissen die Geschichtsschreiber über vergangenes Geschehen zusammentragen und als (systematisches) Wissen ausweisen können. Selbstverständlich fällt dem Laien wie dem Fachmann an Beispielen wie der Entstehung unseres Sonnensystems oder der Evolution von Pflanzen und Tieren die Unterscheidung von Geschehen und wissenschaftlicher Geschichtsschreibung leichter als im Falle der Philosophiegeschichte. Im ersten Fall nämlich ist dieses Geschehen Natur, die Wissenschaft davon aber eine menschliche Kulturleistung. Im zweiten Fall jedoch ist das „Geschehen" vergangenen Philosophierens selbst nur in der Form hinterlassener philosophischer Texte zugänglich. Für die Frage, ob es ein philosophisches Wissen von der Wahrheit geben könne, hat dies zur Folge, daß die Beschreibung philosophischen Geschehens zur *Interpretation philosophischer Texte* wird, die ohne eigenes Philosophieren nur schwer möglich scheint – und somit die Grenze zwischen Philosophieren und Philosophiegeschichte-Schreiben verwischt.

Demgegenüber bleibt festzuhalten, daß die Auseinandersetzung mit Texten verstorbener Autoren – häufig werden auch lebende Autoren mit ihren Texten „interpretiert" und behandelt, als seien sie bereits verstorben, d.h. nicht mehr befragbare Mitglieder einer kommunizierenden Gemeinschaft – eine Fülle von begründeten Entscheidungen verlangt: Selbstverständlich ist erstens die *Auswahl von Autoren* als „philosophisch", „klassisch" oder „einschlägig" zu treffen und in wahren Urteilen zu *begründen*. Es sind zweitens die ausgewählten *Texte zu verstehen*, zu *interpretieren*, was bekanntlich als weiteres Wahrheitsproblem das der richtigen oder wahren Interpretation aufwirft. Schließlich wird dem Philosophiehistoriker drittens kein Text selbst das Urteil abnehmen können, ob denn die *Vorschläge des Autors* zum Problem der Wahrheit ihrerseits *zustimmungsfähig* seien.

Mit anderen Worten, wer aus der Philosophiegeschichte (jetzt im Sinne von „Geschehen" anhand ihrer Spuren in philosophischen Bibliotheken) lernen will, was Wahrheit sei, muß allemal schon fähig sein, wahre Urteile über die Unterscheidung von Philosophen und Nicht-Philosophen, über ihr historisches und systematisches Gewicht, über Ziel und Inhalt ihrer Werke und über die Einlösung oder Verfehlung ihrer Ansprüche fällen zu können – das heißt, er muß schon ein philosophisch begründetes Urteil über eine große Fülle unterschiedlicher Wahrheiten und Wahrheitstheorien zur Verfügung haben. Ganz zu schweigen davon, daß die äußerst schwierigen Probleme, etwa geistesgeschichtliche Entwicklungen oder gar Verursachungen festzustellen, anspruchsvollste wenn nicht gar häufig unlösbare Aufgaben sind. Dabei ist dann noch nicht einmal die Frage berührt, ob die philosophiehistorischen Antworten, so sie denn gefunden würden, etwas z.B. für alltägliche Erwartungen an Klärungen des Wahrheitsproblems in der eigenen Urteilsfindung und Lebensführung austragen könnten. Nicht berührt sind dabei auch Fragen des Urteils, wie mit den modernen Wissens- und Wahrheitsproduktionen durch die Wissenschaften umzugehen sei, die den philosophischen Wahrheitstheoretikern immer voraus-, wenn nicht gar immer davonlaufen.

Darf man also erwarten, es gäbe ein – dann selbstverständlich lehr- und lernbares – Wissen als Antwort auf die Frage „Was ist Wahrheit?". Es spricht alles dafür, daß Philosophiegeschichtsschreibung als *Doxographie*, d.h. als Beschreibung von Meinungen von Autoren nach dem Vorbild naturwissenschaftlicher oder historischer Wissensbestände, ein solches Wissen nicht bereitstellt. *Philosophieren* kann – und nach Meinung des Autors: sollte – als *Reflexionsbemühung* begriffen werden, die Sinn und Zweck nicht in ihrer eigenen Geschichtsschreibung hat, ja nicht einmal erst durch ihren historischen Ort im Philosophie-Geschehen erhält (als ginge es nur um dessen Fortsetzung als eine Art von Selbstzweck), sondern in vorgefundenen Problemen und Versuchen ihrer Lösung findet. Philosophie ist eine Reflexionsdisziplin, das heißt, in harmloser Formulierung, ein Nachdenken über das eigene Handeln und Reden – und, wenn selbst mit Wahrheitsansprüchen verknüpft, notwendigerweise ein sich in der Sprache vollziehendes Nachdenken. *Reflektieren* heiße diese Tätigkeit, weil sich das Reden auf das Reden selbst (und das im Reden zum Ausdruck kommende Erkennen, aber auch Erinnern, Planen usw.) zurückbezieht.

Philosophieren als Reflexionsdisziplin hat vieles gemeinsam mit dem Turnen: Man kann Turnern zusehen und dabei viel über das Turnen lernen, z.B. sogar, über das Turnen in einer Fachterminologie kompetent zu sprechen. Aber vom Zusehen lernt man nicht das Turnen selbst. Erst die eigene Übung macht den (mehr oder weniger großen) Meister. Und noch weiter geht diese Ähnlichkeit: Dabeisein ist alles! Der Genuß, die Kür des Weltmeisters als Zuschauer zu verfolgen, ist nicht zu vergleichen mit der Freude, in eigenen Versuchen auch nur den kleinsten Erfolg zu haben.

In einer Unterscheidung, die heute in vielen Bereichen von der Wissenschaftstheorie bis zur Soziologie und Psychologie geläufig geworden ist, läßt sich hier auch von einer *Teilnehmer*- und einer *Beobachterperspektive* sprechen. Danach läßt sich Philosophieren so wenig wie Turnen nur aus der Beobachterperspektive (des Philosophiehistorikers) erlernen, sondern verlangt das Einnehmen der Teilnehmerperspektive – und dies heiße hier: selbst aktiv teilzunehmen, selbst zu denken, eigene Entwürfe und Gedanken dem Risiko des Scheiterns auszusetzen und dadurch dazuzulernen. (Es wird sich später – vgl. S. 99 – zeigen, daß damit nicht ein modischer, psychologisierender Aufruf gemeint ist, „sich einzubringen", sondern vielmehr eine systematische, erkenntnistheoretische Maxime, die aus dem Zusammenhang von Wahrheit und Handlung gerechtfertigt wird. Nur wer die Rolle des Zuschauers, des „Theoretikers", ablegt und selbst handelt, erwirbt Wissen am Gelingen oder Mißlingen von Versuchen philosophischer Problemlösung.)

Damit hat sich die Eingangsfrage, ob es ein Wissen geben könne, das auf die Frage „Was ist Wahrheit?" antwortet, auf die *programmatische Aufgabe* verschoben, statt eines aufsagbaren philosophiehistorischen Lehrbuchwissens eher Fertigkeiten und Dispositionen zu vermitteln, Fertigkeiten der logischen und begrifflichen Analyse von Wahrheitsfragen sowie Dispositionen und Kompetenzen der Urteilskraft.

2. Wahrheit – Alltagsproblem oder Philosophenerfindung?

Die programmatische Aufgabe, Philosophierenkönnen zu vermitteln, muß das Problem bewältigen, wo ein Philosophieren über die Frage „Was ist Wahrheit?" anzusetzen hat, auf welches Ziel hin sie zu unternehmen und mit welchen Mitteln sie voranzubringen ist. Wenn aus den genannten Gründen als Anfang die historisch vorgefundenen Klassikertexte und als Ziel deren hermeneutische Bewältigung ausscheiden, weil sie das zu Leistende als geleistet bereits in Anspruch nehmen, bleibt immer noch als philosophisches Problem, daß schon das außerwissenschaftliche und außerphilosophische Alltagsleben jeden Menschen in vielfältiger Weise mit Wahrheitsproblemen konfrontiert. So nimmt ja bereits der kindliche Erwerb der Fähigkeit zu lügen in Anspruch, daß eine Person absichtsvoll behauptet, wovon sie annimmt, daß es nicht wahr ist. (Über das genauere Verhältnis von Wahrheit und Wahrhaftigkeit – der Lügner verletzt ja primär ein Gebot der Wahrhaftigkeit – wird noch zu handeln sein.)

Das Alltagsleben kennt aber nicht nur die Lüge, sondern auch den Schwur, an dem sich manche Aspekte entdecken lassen, die das *Wahrheitsproblem nicht als philosophische Erfindung*, sondern als *lebenspraktisches Alltagsproblem* zu erkennen geben. Diese Aspekte im folgenden nachzuzeichnen diene der Vorbereitung der Frage, wozu die Menschen überhaupt der Wahrheit bedürfen, genauer, was der Zweck wahrer oder falscher menschlicher Rede ist und welche Zwecke verfolgt werden, wenn die Wahrheit oder Falschheit menschlicher Rede selbst zum Gegenstand von Rede wird. Die *Wozu-Frage an die Wahrheit* in ihren lebenspraktisch wichtigen Aspekten wird zum systematischen Anfang des hier zur Teilnahme herausfordernden Philosophierens gewählt. Dies soll dem vorliegenden Buch seinen eigenen (und vielleicht eigentümlichen) Charakter geben. Dem Leser soll damit der Erwerb eines philosophischen Wissens eröffnet werden, das sich nicht als anwendungsfreies Bildungswissen erweist, sondern für das der Sitz des Wahrheitsproblems im Leben selbst Anfang und, in begrifflicher Klärung, auch Zweck ist. Auch Philosophie und die Wissenschaften können nach ihrem „Sitz im Leben" befragt werden. Deshalb wird bei der Diskussion des Wahrheitsproblems im Alltagsleben auch der Anfang dafür gemacht, auf die akademische Philosophie und die wissenschaftliche Wahrheit zu kommen.

Doch nun zum Schwur: Formeln wie „Schwören Sie, die Wahrheit zu sagen, die ganze Wahrheit und nichts als die

Wahrheit!" sind bekannte (wenn auch nicht dem derzeitigen deutschen Recht entsprechende) Aufforderungen, vor einem Gericht durch einen Schwur zu bekräftigen, daß man die Wahrheit sagt. Das Beschwören der Wahrheit von Behauptungen (in dem Sinne, daß der Schwörende bekräftigt, zu sagen, was er nach bestem Wissen selbst für wahr hält) geht wohl bis auf die Anfänge des Rechtswesens zurück und wird historisch als Selbstverfluchung für den Fall gedeutet, daß der Schwörende wissentlich die Unwahrheit sagt. Angerufen werden dabei Instanzen wie göttliche Autorität oder das Ansehen der eigenen Ahnen.

Die bis in das heutige Rechtswesen hinein geübte Praxis des Schwörens ist ein wichtiges Beispiel dafür, daß nicht erst in philosophischen Überlegungen das behauptende Reden selbst zum Gegenstand einer (beurteilenden) Rede wird. Im Schwur liegt vielmehr eine altehrwürdige, institutionalisierte Form außerphilosophischer Wahrheits- bzw. Wahrhaftigkeitsfeststellung vor (wobei „Wahrhaftigkeit" nur mit Bezug auf das für wahr Gehaltene auftreten kann, also einen Wahrheitsbegriff voraussetzt). Der Schwur ist durch religiöse, gesellschaftliche oder rechtliche Normen bewehrt und gibt ein gutes Beispiel dafür, daß auch außerhalb theoretisch-philosophischer Überlegungen eine *Unterscheidung von Sprachebenen* praktiziert wird, hier die Sprachebene etwa einer Zeugenaussage und die der schwörenden Bekräftigung und damit Beurteilung ihrer Wahrheit.

Das Beispiel des Schwures kann zeigen, daß die Absichten und Zwecke einer „Rede über die Wahrheit von Rede" dem Umstand Rechnung tragen, daß alles, was wahr sein kann, leider auch falsch sein kann. Und jeder kompetente Alltagssprecher weiß, daß Rede falsch sein kann aus höchst verschiedenen Gründen, z.B. aus unverschuldeter Unwissenheit, aus fahrlässigem Irrtum oder auch aus absichtlicher Lüge. Daß schon bei den ersten aus dem Alltagsleben stammenden Beispielen die Gegensätze zu „wahr" etwa „falsch", „irrtümlich" und „gelogen" auftauchen, verweist auf eine Spannung, die das gesamte Wahrheitsproblem durchzieht: Wie verhalten sich die persönliche Wahrhaftigkeit eines Sprechers, seine Absichten und Wünsche oder sein Wissen zur Wahrheit seiner Behauptungen, wenn, einem geläufigen Verständnis nach, Wahrheit gerade unabhängig von den persönlichen Absichten und Wünschen des Behauptenden sein soll? Und wie steht es dabei mit seinem Wissen, eventuell auch mit der Möglichkeit und der Pflicht, ein bestimmtes Wissen in einer bestimmten Sache zu haben? Und wie verhält sich sein individuelles, persönliches Wissen zu einem generellen, öffentlichen, allgemein anerkannten Wissen, oder gar zu einem wissenschaftlichen Expertenwissen?

Diese Bemerkungen mögen belegen, daß es nicht etwa erst eine Erfindung *philosophischer Wahrheitstheorien* ist, das Wahrheitsproblem zu diskutieren, sondern daß schon das tägliche Leben – von der harmlosen Beurteilung eines Reiseberichts bis zur gerichtlichen Entscheidung über die Wahrheit der Aussagen eines Angeklagten – neben dem behauptenden Reden offensichtlich auch einen eigenen *Bereich des beurteilenden Redens über das Reden* benötigt und auch kennt. Das Wahrheitsproblem und seine Klärung haben also in diesem Sinne einen „Sitz im Leben".

Die Schwierigkeit, die Frage nach der Wahrheit zu erörtern, besteht nun keineswegs darin, daß es keine Antwort gäbe; sie besteht vielmehr darin, daß es viel zu viele Antworten gibt. Das zumindest hat die Philosophiegeschichtsschreibung zeigen können, und auch der Schul- und Meinungsstreit moderner Wahrheitstheorien ist ein Beleg dafür.

Dieses Überangebot an Antworten muß – für sich genommen – noch kein schlechtes Zeichen für deren mangelnde Qualitäten sein. Schon jeder philosophische Laie kann schnell alltägliche Beispiele für unterschiedliche Typen oder Formen von Wahrheiten nennen. Der Zeugenbericht durch unmittelbare Wahrnehmung eines Augenzeugen verdankt sich anderen Kriterien als eine Erzählung vom Hören-Sagen, eine Berechnung anderen als ein Bezug auf allgemein anerkannte Meinungen, eine Messung anderen als eine Schätzung, usw. Eine solche *Unterscheidung von Kriterien*, die die Beurteilung einer

Zeugenaussage leiten, ist unter anderem Gegenstand von sogenannten philosophischen „Wahrheitstheorien". Damit sind aber jetzt bereits drei Sprachebenen unterschieden, nämlich erstens die einer Zeugenaussage, zweitens die einer Diskussion über deren Wahrheit (oder manchmal Wahrhaftigkeit) und drittens die (theoretische oder philosophische) Klärung der Mittel, mit denen auf der Ebene 2 über eine Behauptung der Ebene 1 entschieden wird.

Leider kommt es noch schlimmer: Auf der Ebene 3 zeigen sich nämlich tiefgreifende Auffassungsdifferenzen zwischen verschiedenen Philosophien, so daß sogar noch eine Sprachebene 4 eingenommen werden muß, will man sich ein Urteil über konkurrierende Wahrheitstheorien der Ebene 3 bilden.

Wie schwierig eine Orientierung in wahrheitstheoretischen Problemen im Zusammenhang dieser vier Sprachebenen sein kann, zeigt schon die (spielerische oder ernst gemeinte) Verdopplung der Frage, was denn eine Antwort auf die Frage „Was ist Wahrheit?" ihrerseits wahr mache. Mit anderen Worten, braucht man eine Wahrheitstheorie, um über eine Wahrheitstheorie begründet urteilen zu können – und so ad infinitum? Oder könne sich eine „Wahrheitstheorie" selbst in ihrer Wahrheit ausweisen? Oder erheben Wahrheitstheorien – oft im Sinne der schlechten Angewohnheit, jede etwas zu kompliziert geratene Antwort gleich eine Theorie zu nennen – gar nicht den Anspruch, wahr zu sein? Was aber wollen und können Wahrheitstheorien dann leisten?

„Irgendwie" gibt es ein Bedürfnis nach Klärung des Wahrheitsproblems für jeden Menschen, der nicht völlig dumpf und anspruchslos dahinlebt. Sei es Empörung über eine besonders dreiste Lüge eines Diktators, die in der politischen Presse bekannt wird, sei es der Einsturz eines wissenschaftlichen Lehrgebäudes, der das lange Zeit von vielen für wahr Gehaltene relativiert oder gar aufzugeben verlangt, sei es die Lektüre eines eigenen Briefes, der eine Erinnerung trotz intensiv gefühlter Gewißheit als falsch ausweist, sei es die bange Frage, wem man bei der Suche nach den Ursachen eines großen Unglücks Vertrauen schenken darf – das Wahrheitsproblem ist nicht nur kein von den Philosophen erfundenes, sondern auch kein „akademisches" im Sinne theoretischer, lebenspraktisch aber unerheblicher Spitzfindigkeiten. In sehr verschiedener Form stellt es sich als Problem der Lebensbewältigung immer wieder und für jeden.

Um so dramatischer ist der Dschungel von Ansätzen, Vorschlägen, Antworten, Problematisierungen und Skeptizismen, die jedem begegnen, der sich in der akademischen philosophischen Literatur über das Wahrheitsproblem informieren möchte. Da nützt es dann wenig, (wie manche zeitgenössischen Analytischen Philosophen) mit der Metapher des Entdeckungsreisenden zu fordern, es solle erst einmal eine Art von Landkarte des Wahrheitsproblems erstellt werden, aus der sich dann gleichsam von selbst naturgegebene Strukturen analog zu Gebirgen, Flüssen und Meeren ergeben sollen. Auch der entdeckungsreisende Kartograph benötigt ja eine Vorgabe mindestens in dem Sinne, daß er wissen muß, für welchen Bedarf er seine Landkarte erstellt; denn je nach Bedarf wird sie verschieden ausfallen. Wer (was heute eine verbreitete philosophische Attitüde ist) mit einem Bekenntnis zur Zweckfreiheit, ja zur eigenen Positionslosigkeit sich auf den Weg macht, erst einmal aufzunehmen, was es in der philosophischen Tradition an Antworten auf die Wahrheitsfrage gibt, muß sich der Frage stellen, ob er vielleicht nur in unverschuldeter Unwissenheit oder in fahrlässigem Irrtum oder sogar in absichtlicher Lüge seine Positionslosigkeit behauptet, um seine – tatsächlich immer auf Kriterien angewiesene – Erkundung und Erstellung einer „Landkarte" als Ergebnisse unabhängig von seinen oder irgendwelchen Absichten anzupreisen.

Die Alternative zu vorgeblicher Zweckfreiheit ist, als Autor Zwecke ausdrücklich zu nennen und zu verfolgen, mit denen die philosophische Diskussion des Wahrheitsproblems geführt wird. Dann jedenfalls kann jeder Teilnehmer dieser Diskussion, d.h. in einem Buch der Leser, selbst entscheiden, ob er die vorgestellten Zwecke mitverfolgen möchte oder nicht, und ob er die dafür ergriffenen Mittel, die vorgetragenen Antworten also, für gelungen oder mißlungen hält – d.h. der Leser beginnt selbst, in der Teilnehmerperspektive zu philosophieren. (In diesem Sinne wird bereits der ersten spitzfindigen Frage, ob denn eine Theorie der Wahrheit ihrerseits wahr sein müsse, vielleicht sogar zugleich ihre eigene Wahrheit sichern könne, die Spitze genommen: Man befindet sich nämlich nicht in unendlicher Wiederholung der Frage, ob bereits gegebene Antworten wahr seien, als handle es sich um einen geheiligten *Selbstzweck*, die Wiederholung der Wahrheitsfrage nicht abbrechen zu lassen. Vielmehr erlaubt die Frage „Was ist Wahrheit?" eine klare Beurteilung unter klar gegebenen Voraussetzungen, wenn sie unter Zwecke gestellt wird, nach denen Menschen an *Wahrheit als Mittel* interessiert sind.)

So soll auch in diesem Buch verfahren werden. Die besondere Art dieses Buches, unter einer großen Zahl moderner Bücher über Wahrheitstheorien einen eigenen Weg zu gehen, besteht also darin,

– nicht eine Sorte von enzyklopädischem Überblick über Wahrheitstheorien aus der distanzierten Scheinobjektivität des Beobachters (der Philosophiegeschichte) zu geben, als wären sie alle irgendwie gut (ohne zu fragen, wofür),

– sondern, vom Alltagsleben ausgehend, den Leser an jeder Stelle zu eigenem Urteil und damit zum Philosophieren, ja, vom Rezipieren über ein Mitdenken zum Selbstdenken zu provozieren, indem er zu entscheiden hat, ob er vorgestellte Zwecke teilt und angegebene Mittel für zweckmäßig hält.

Daraus ergibt sich als Orientierung das folgende Programm.

3. Das Programm: Orientierung an der Frage „Wozu Wahrheit?"

Bekanntlich weist ein Wegweiser den Weg, ein Kompaß nur eine Richtung. Der Wegweiser ist genau, d.h. nennt einen Zielort, und kann, da er ja seinen Weg nicht selbst geht, auch den genau falschen Weg weisen, z.B. wenn ein Schurke ihn verdreht hat. Der Kompaß dagegen vermittelt an jeder Stelle einer Reise eine Orientierung. In diesem Sinne diene diesem Buch die Frage „Wozu Wahrheit?" als Kompaß. Für alle in

Frage kommenden Lebensbereiche ist danach als Richtung vorgegeben, nach dem „Wozu" zu fragen, wo es um Darstellung und Beurteilung von Philosophien und Theorien der Wahrheit geht. Es wird dagegen kein bestimmtes (dogmatisches, inhaltliches) Ziel gesetzt oder dem Leser der Weg dorthin gewiesen.

Das bedeutet, daß sich nicht nur ein chronologisch-historischer Durchgang durch die wichtigsten Wahrheitskonzeptionen der Philosophen (aus den genannten Gründen) verbietet. Vielmehr ist auch ein „systematischer Überblick" von der Art, wie ihn heute gern Bücher über Wahrheitstheorien oder Artikel in Fachlexika geben (mit Aufzählungen wie Korrespondenztheorie, Kohärenztheorie, Redundanztheorie, Konsenstheorie usw. der Wahrheit – die oben erwähnte „Landkarte des Wahrheitsproblems"), alles andere als unproblematisch. Denn selbstverständlich muß sich auch die Überblicksdarstellung einer Sprache bedienen, die zunächst einmal die Sprache des gebildeten Laien ist (und als solche nicht wenigen Philosophen als Werkzeug ausreicht oder zur definierenden Sprache seiner speziellen Terminologie wird).

Die sprachlichen Mittel aber, über das Wahrheitsproblem zu reden, und sei es in der Alltagssprache, sind nicht frei von historischen Belastungen. Heute vorfindliche Sprache als Produkt ihrer eigenen, naturwüchsigen Entstehungsgeschichte ist dabei eher mit einem Schutthaufen an alten Kulturstätten als mit einem aktuell bewohnbaren Gebäude zu vergleichen, weil sie Reste, Bruchstücke von vergessenen, nicht mehr geteilten oder von Anfang an nicht klaren Unterscheidungsabsichten, von vergangenen ausdrücklichen oder stillschweigenden Vorannahmen und Zwecken, längst veränderten Meinungen, Theorien, Philosophien, Religionen usw. sind. Mit anderen Worten, auch systematische Überblicke – wie übrigens auch das Stellen und Beantworten der Frage „Wozu Wahrheit?" – bedürfen kritischer Vorsicht gegenüber den verwendeten sprachlichen Mitteln.

Das beste Beispiel hierfür bietet das Wort „Wahrheit" selbst. Schon im Zusammenhang mit der alten, von den Philosophiehistorikern diskutierten Tatsache, wonach Aristoteles seinem Lehrer Platon in der Auffassung vom Wesen der Wahrheit nicht gefolgt ist, ist die substantivische Rede von der Wahrheit (griechisch aletheia) üblich, wobei es im Altgriechischen genau wie im Deutschen ein Adjektiv dazu gibt (wahr, alethes). Substantiva aber, zu deutsch „Dingworte", suggerieren, daß es da eine Substanz, ein Ding gäbe, dessen Eigenschaften man erforschen, erkennen oder benennen könne. Verschärft wird diese Suggestion noch in der Frage „Was ist Wahrheit?", als gäbe es da irgendein Ding (wo man sich nicht ganz sicher ist, ob „Ding" vielleicht nicht doch zu „konkret" ist, sagt man gern: eine „Entität"), das bzw. die in irgendeiner Form für eine Untersuchung verfügbar sei. Und die damit durch sprachliche, genauer grammatische Formen nahegelegten Annahmen verstellen sogleich den Blick darauf, in welchem Zusammenhang die Wozu-Frage gestellt werden soll und beantwortet werden kann. Dies soll in drei Schritten sprachkritisch erläutert werden:

(1) Die *grammatische Verdinglichung* durch Verwendung von Substantiven schließt, wo es sich nicht tatsächlich um Substantiva für Dinge wie Äpfel oder Häuser handelt, methodisch an die Verwendung von Verben oder Adjektiven an. Statt zu sagen, ein Tier bewege sich, oder, ein Stein sei bewegt, kann man eben auch formulieren, das Tier bzw. der Stein habe eine Bewegung. Das Substantiv Bewegung dient aber der Beschreibung keines anderen oder neueren Sachverhaltes als das Adjektiv bewegt bzw. das Verbum bewegen.

Besondere Bedeutung gewinnen solche grammatischen Verdinglichungen bei Anwendung auf Sprache selbst. So weiß z.B. auch jeder Laie, was zeitliche oder räumliche Angaben sind, so z.B. daß Ereignisse früher oder später als andere sein können, Körper oder Strecken gleichlang usw. Das heißt, jeder Laie verfügt über ein ganzes und schon alltagssprachlich reiches *Vokabular* zeitlicher bzw. räumlicher Art. Die Substantiva Zeit und Raum suggerieren nun, es gebe eigene, selbständige Dinge oder Substanzen, über deren Eigenschaften man dann Überlegungen oder Untersuchungen anstellen und etwa diskutieren kann, ob sie endlich oder unendlich seien. Tatsächlich erfaßt aber die Verwendung der Substantiva Zeit und Raum, ganz analog dem Fall der Bewegung, keine *anderen Sachverhalte* als eben diejenigen, die mit den zeitlichen oder räumlichen Angaben erfaßt sind. Mit anderen Worten, die Substantiva Zeit und Raum bringen – als Rede über Rede – nichts anderes zum Ausdruck als eben die Verwendung zeitlicher bzw. räumlicher Bezeichnungen. Man nennt sie deshalb *Reflexionstermini.* Und die vermeintlichen Eigenschaften der grammatisch durch Substantiva verdinglichten Sortierungen von Wörtern in zeitliche und räumliche sind nichts anderes als die mit zeitlichen bzw. räumlichen Wörtern beschriebenen Sachverhalte.

In einem gewissen Sinne liegen die Verhältnisse bei „Wahrheit" genauso: Die Sprachen des Alltags, der Wissenschaften und der Philosophie führen die Adjektiva „wahr" und „falsch" (und weitere wie richtig, gültig, usw.). Sie umfassen auch die Praxis nicht nur der Verwendung dieser Wörter, sondern auch einer Diskussion darüber, ob sie zu Recht oder zu Unrecht auf spezielle Fälle angewendet werden. Dabei ist es üblich und nicht selten sogar kürzer oder übersichtlicher, von „der Wahrheit einer Aussage" zu reden, statt zu formulieren, eine bestimmte Aussage sei wahr. Insofern läßt sich das Substantiv „Wahrheit" ebenfalls (wie Zeit und Raum) als Reflexionsterminus bezeichnen – selbstverständlich nicht um zweckfrei einen neuen philosophischen Fachausdruck zu bemühen, sondern zu dem Zweck, darin mitzuteilen, daß es nur um die Verwendung der Adjektive „wahr" und „falsch" und nicht um einen selbständigen Gegenstand „Wahrheit" mit Eigenschaften geht (z.B. ewig oder relativ zu sein), wo über Wahrheit gesprochen wird.

(2) Was-ist-Fragen sind in der Alltagssprache so geläufig und so problematisch wie die substantivische Rede von der Wahrheit. Sie können, wie sich jeder kompetente Sprecher der deutschen Sprache leicht selbst darlegen kann, höchst unterschiedliche Frageabsichten zum Ausdruck bringen. Zum Beispiel kann für ein vorliegendes, aber unbekanntes Objekt die

Was-ist-Frage eine Aufforderung sein, eine Bezeichnung zu nennen, wobei in Ausnahmefällen ein Eigenname, im Normalfall ein prädizierendes Wort erwartet wird, wie z.B. in den Fällen „dies ist der Eiffelturm", „dies ist ein Kurvenlineal", „ein Musikinstrument", „ein Käfer", „eine Aloe", „ein Lichtreflex", usw. Wird dagegen in die Was-ist-Frage (statt eines hinweisenden Wortes wie „dies") ein nicht-hinweisender sprachlicher Ausdruck (wie „Wahrheit") eingesetzt, fordert die Frage auf, das betroffene Wort in seinem Gebrauch zu erläutern. Solche Erläuterungen können, schon in gröbster Einteilung, z.B. durch eine ausdrückliche Definition, einen exemplarischen Aufweis, eine hinweisende Geste, und durch vieles andere mehr gegeben werden. Während aber bei einer Was-ist-Frage mit einem Substantiv für ein Ding eine Wahl besteht, entweder eine definierende Erläuterung sprachlich zu geben oder das Ding selbst vorzulegen (wie man z.B. auf die Frage „Was ist ein Carpaccio?" entweder eine Beschreibung dieser italienischen Vorspeise geben oder aber ein Carpaccio servieren kann), kann bei Nachfrage mit einem Reflexionsterminus wie „Wahrheit" oder „Raum" *nur eine sprachliche Erläuterung* erwartet werden. Mit anderen Worten, die hier zum Buchtitel gemachte Was-ist-Frage zur Wahrheit ist als *Nachfrage nach der Bedeutung des Wortes Wahrheit* gemeint, die ihrerseits – da es sich um einen Reflexionsterminus handelt – als Frage nach der Bedeutung von „wahr" und „falsch" zu verstehen ist und durch die oben unterschiedenen vier Sprachebenen zu führen hat.

(3) Die Ähnlichkeiten der Wörter Wahrheit und Zeit bzw. Raum reichen aber noch weiter: Mühelos läßt sich ein Beispiel nennen, etwa ein Spaziergang, bei dem wir nach seiner Dauer oder nach dem zurückgelegten Weg fragen können, also eine zeitliche oder eine räumliche Beschreibung wünschen und damit über Zeit und Raum reden. Entsprechend lassen sich – wenigstens auf den ersten Blick mühelos – Beispiele angeben, für die sich fragen läßt, ob sie wahr sind – etwa das oben erwähnte Beispiel der Zeugenaussage. Solche Beispiele können zugleich aber auch unter anderen Aspekten betrachtet

werden, etwa, ob sie unerwartet, ausführlich, unverständlich oder etwas anderes sind. Das heißt *Wahrheit* ist ein *Aspekt unter anderen*, und zwar von *Aussagen*.

In der deutschen Alltagssprache ist aber auch eine Rede von einem „wahren Freund" oder einem „wahren Glück" üblich. Auch „ein falscher Geldschein" oder „eine falsche Katze" sind alltagssprachlich erlaubte Zusammensetzungen.

Schon alltagssprachliche, bedeutungsgleiche Ersetzungen etwa durch „ein echter Freund", „ein wirkliches Glück", „ein gefälschter Geldschein" bzw. „eine hinterhältige Katze" zeigen, daß es sich bei der Verwendung von „wahr" und „falsch", wo nicht auf Aussagen angewendet, nur um saloppen Sprachgebrauch handelt; und wo nicht lediglich bekräftigend gesagt sein soll, daß es wahr sei, eine bestimmte Person einen Freund oder einen bestimmten Geldschein gefälscht zu nennen, eine falsche Anleihe bei der Wahr-falsch-Unterscheidung für Aussagen genommen wird. Denn es ist ja z. B. nicht falsch, den fraglichen Geldschein gefälscht oder überhaupt einen Geldschein zu nennen. Kurz, „wahr" und „falsch" (bzw. andere, bedeutungsgleiche oder bedeutungsähnliche Wörter) sollen in ihrer Anwendung ganz *auf Aussagen beschränkt* bleiben und über sie *einen bestimmten Aspekt zum Ausdruck bringen*. (Es wäre auch verfehlt, die Sache so aufzuräumen, daß man das Wort „wahr" dazu benützt, „Aussage" zu definieren, etwa indem man grammatisch charakterisierte Sätze „Aussagen" nennt, wenn sie entweder wahr oder falsch sind, um sie so von Fragen, Befehlen usw. zu unterscheiden. Denn wie sollte „wahr" und „falsch" unterschieden definiert sein, ohne schon Behauptungen bzw. Aussagen von Fragen, Befehlen usw. unterscheiden zu können?)

Damit spitzt sich die Wozu-Frage nach der Wahrheit zu auf das Problem, wozu Menschen wahre Aussagen benötigen, in anderer Diktion, was der *Zweck der Wahrheit von Aussagen* bzw. der Zweck der Unterscheidung von wahren und falschen Aussagen ist. Dazu bedarf es terminologischer Erläuterungen, wie hier von Zweck und Mittel, von Sprache, Rede und von Aussagen gesprochen wird, und in welchem Verhältnis diese zum Alltagsleben, seinen Handlungen, der in Sprache sich vollziehenden Organisation gemeinschaftlichen Handelns, kurz, zu allgemeiner Praxis stehen. Jeder Laie kann an seinen eigenen Sprachgewohnheiten feststellen, daß er (von den oben kritisierten Gegenbeispielen abgesehen) „wahr" und „falsch" für das behauptende Reden reserviert hat, nicht aber auf ein fragendes oder vorschreibendes Reden anwendet; und daß er es auch nicht anwendet auf das sogenannte „performative" Sprechen, d.h. wenn z.B. eine Person eine andere grüßt, sie beglückwünscht oder ihr kondoliert, sie zu etwas ernennt oder ihr etwas verspricht. Bei diesen vertrauten Sprechhandlungen, bei denen im Gegensatz zum Wahrheitsproblem das Problem der Wahrhaftigkeit des Sprechers – beabsichtigt der Versprechende, sein Versprechen zu halten? Ist der Glückwunsch oder die Beileidsbekundung ehrlich gemeint? – durchaus auftritt, behauptet ja niemand, daß er grüßt, beglückwünscht, verspricht usw., sondern er tut es, vollzieht es mit Worten.

Eine systematische Beantwortung der aufgeworfenen Fragen und eine Durchführung des genannten Programms, bei der Wozu-Frage nach der Wahrheit im alltäglichen Leben anzusetzen und von dort bis in die Wissenschaften und die akademische Philosophie hinein vorzudringen, soll auf den letzten Teil des Buches verschoben werden. Denn die dort zu gebenden Antworten sollen als Versuche der Problemlösung für den enttäuschten Kenner verstanden werden können. Ohne jeden Bezug auf das große Angebot der akademischen Wahrheitsdiskussion einen systematischen Vorschlag zu unterbreiten, müßte nicht nur ein gebildetes Publikum demotivieren, wenn es vorzieht, sich *im Wissen statt im Denken* zu orientieren. Ein solcher Vorschlag müßte auch jede Auseinandersetzung mit der bisherigen Diskussion eher als Ablehnung von einer vorgefaßten, eben anderen Position aus erscheinen lassen, statt den Vorschlag zu rechtfertigen.

Demgegenüber soll der Leser hier nicht im Unklaren gelassen werden, daß es gerade offene Fragen, ungelöste Probleme und unzureichende Ansätze vorgefundener Wahrheitstheorien sind, die den im letzten Teil des Buches vorgetragenen Vor-

schlag empfehlen. Das heißt, sich jetzt den historischen Erblasten zuzuwenden, denen das Wahrheitsproblem begegnet,
wo immer man es aufsucht.

II. Historische Erblasten

Die historischen Anfänge der abendländischen Philosophie fallen – fast – zusammen mit dem Nachdenken darüber, was Wahrheit ist. Sie sind uns aber nicht nur wegen der Quellenlage, der Verschiedenheit zu unserer heutigen Kultur und den Gebirgen philosophiehistorischer Interpretationsliteratur schwer zugänglich, sondern sperren sich auch mehr als heutige Ansätze gegen die Wozu-Frage. Dagegen gibt es in der heutigen akademischen Diskussion, in der Bücher über Wahrheitstheorien Hochkonjunktur haben, durchaus erkennbare Zweckorientierungen – etwa bei den de facto anerkannten Antworten zumindest der *Wahrheitstheorien*, wenn auch nicht gerade der Wahrheit selbst: Es ist einerseits die linguistische Wende der Philosophie seit Gottlob Frege, Ludwig Wittgenstein, Bertrand Russell und anderen, die zu einer *sprachphilosophischen Form der Wahrheitstheorien* geführt hat, und andererseits die *moderne (analytische) Wissenschaftstheorie*, die – erkenntnistheoretische Probleme des Alltagslebens außer acht lassend – in den sogenannten exakten Wissenschaften, vor allem der Mathematik und der Physik, historisch erfolgreiche Vorbilder für Wahrheitsfindung gesehen, analysiert und beschrieben hat. Daran orientiert sich die Untergliederung dieses Kapitels: Es soll im folgenden zuerst um sprachphilosophisch und dann um wissenschaftstheoretisch motivierte Wahrheitstheorien gehen. Hierher gehören dann auch Sonderformen moderner Theorien, bei denen Wahrheitsdefinitionen im Vordergrund stehen.

1. Sprachphilosophische Wahrheitstheorien. Wahrheit nach dem „linguistic turn"

Obgleich Wahrheit ein Thema der Philosophie seit ihren historischen Anfängen war, haben sich Wahrheitstheorien als eigenes philosophisches Teilgebiet unseres Jahrhunderts etabliert, seit der sogenannte *linguistic turn* in der Philosophie stattgefunden hat. Unter *linguistic turn* versteht man seit Gustav Bergmann, dem Urheber dieses Ausdrucks, eine Hinwendung der Philosophie zu sprachanalytischen Methoden. Geistesgeschichtliche Auslöser dieser Wende waren einerseits das verstärkte Auseinanderdriften von Philosophie und den sogenannten exakten Wissenschaften (vor allem Mathematik und Physik), andererseits die Entwicklung, daß diese modernen Wissenschaften den Philosophien traditionelle Zuständigkeiten streitig machten (um sogleich, in begriffliche Grundlagenkrisen geratend, neue philosophische Fragen und Probleme zu produzieren). Der große technische und erklärende Erfolg der mathematischen Naturwissenschaften für die Erkenntnis der vorgefundenen Welt geriet zum Vorbild für verläßliches Wissen schlechthin und führte dabei, etwa ab der Mitte des 19. Jahrhunderts, zu einer Revision geläufiger Grundbegriffe von Raum, Zeit, Materie, Kausalität, Kosmos, chemischem Stoff, lebendem Organismus, Naturgeschichte und anderen. Der naturwissenschaftliche und der mathematische Fortschritt führten also gleichsam zwangsläufig in philosophische Grundsatzüberlegungen.

Eine der dabei auftauchenden Entdeckungen, aus dem Bereich der Philosophie der Mathematik stammend, läßt sich an der Frage erläutern: Was sind Zahlen? Die Antworten, die Gottlob Frege, der Vater der modernen Logik, suchte, stießen immer wieder auf eine *Diskrepanz zwischen Logik und Grammatik,* ja gaben Anlaß für den Verdacht, die grammatischen Regeln der Sprache führten gerade dort in die Irre, wo es um die Beurteilung der Wahrheit von Aussagen geht.

Da die mathematik-philosophischen Fragen, die bei diesen historisch tatsächlich diskutierten Beispielen auftauchen, technisch schwierig und nur langwierig zu vermitteln sind, sei diese Diskrepanz von Logik und Grammatik an einem einfachen Beispiel der heutigen Alltagssprache vorgeführt: In ihrer *grammatischen* Form unterscheiden sich die beiden folgenden Sätze nicht:

(a) Platon und Aristoteles sind Philosophen.

(b) Kain und Abel sind Brüder.

Logisch sind sie jedoch verschieden, denn (a) ist eine (nur aus Gründen der Eleganz verkürzte) Zusammensetzung aus den *zwei selbständigen Teilsätzen* „Platon ist Philosoph" und „Aristoteles ist Philosoph" mit Hilfe der logischen Partikel (Junktor) „und". Das heißt, (a) ist nur wahr, wenn die beiden Teilsätze je für sich wahr sind. (b) kann man jedoch nicht so aufteilen, daß einerseits Kain und andererseits Abel ein Bruder sei – sofern nicht gemeint ist, sie gehörten beide einer klösterlichen Bruderschaft an. (b) ist nach dem üblichen Verständnis nur wahr, wenn Kain und Abel verschwistert sind. Dies ist *ein einziger Satz*, und der Unterschied von (a) und (b) liegt, in der Sprache der Logiker, darin, daß „Philosoph" ein einstelliger, „Bruder" (als Verwandtschaftsbeziehung) ein zweistelliger Prädikator ist, d.h. zur Bildung eines kompletten, wahrheitsfähigen Satzes im ersten Falle einen, im zweiten Falle zwei Eigennamen fordern.

Dieses simple Beispiel kann zeigen, inwiefern die Grammatik in die Irre führen kann, wenn es um die Wahrheit einer Aussage geht. Eine Konsequenz daraus ist, den grammatischen, und dann allgemeiner, den sprachlichen Mitteln besondere philosophische Aufmerksamkeit zu schenken und nach einer *logischen Rekonstruktion* zu suchen. Sie soll an die Stelle der grammatischen die *logische Form von Behauptungen* setzen, um daran besser oder überhaupt allererst die Bedingungen ihrer Wahrheit auszumachen.

Unter der linguistischen Wende der Philosophie ist entsprechend das Programm zu verstehen, *Wahrheitsprobleme als Probleme ihrer sprachlichen Formulierung* zu untersuchen und nötigenfalls – mit den dafür eigens weiterentwickelten Mitteln der Logik und der Sprachphilosophie – zu reformulieren oder zu rekonstruieren.

Der Erfolg der exakten Wissenschaften bildete den Hintergrund der linguistischen Wende. Er trug ihr gegenüber der philosophischen Tradition als Motivation und wichtiges Ziel ein, zwischen Wissen und Scheinwissen, zwischen Problemen und Scheinproblemen zu unterscheiden. „Metaphysikkritik" oder „Überwindung der Metaphysik" waren die Schlagworte für solche Ausweise von Scheinproblemen, als deren prominenteste Beispiele die Ontologie (deutsch: Lehre vom Seienden) und die Ethik galten. Die ersten Arbeiten der linguistischen Wende befassen sich denn auch nicht zufällig mit *Existenzproblemen*, genauer, mit Geltungsproblemen von *Existenzaussagen* – beginnend mit Gottesbeweisen der philosophischen Tradition und endend bei *Existenzaussagen* über mathematische oder naturwissenschaftliche Gegenstände wie Zahlen und Mengen oder Atome und Elementarteilchen.

Es liegt auf der Hand, daß Wahrheit im Gefolge der linguistischen Wende nur noch als *Satzwahrheit*, nicht mehr als *Seinswahrheit* begriffen wurde. Tatsächlich spricht ja auch alles dafür, daß sich *seinswahrheitliche* Rede immer inhaltsgleich übersetzen läßt in die Wahrheit von Aussagen, wie dies an Beispielen wie dem wahren Freund bereits oben gezeigt wurde.

Eine weitreichende (und beklagenswerte) Folge der linguistischen Wende ist, daß nicht nur traditionelle Metaphysik, sondern auch die Ethik, also die Moralphilosophie oder Philosophie des sittlichen Handelns, dem Verdikt des sprachanalytisch enttarnten Scheinproblems verfiel. Heute ist es – nicht zuletzt unter dem Einfluß des *linguistic turn* – zur Mehrheitsüberzeugung geworden, daß verläßliches, objektives Wissen nur in den empirischen Wissenschaften und in der Mathematik möglich sei, in Moral und Politik dagegen das Chaos herrsche, vom geschmäcklerischen Individualismus bis zum Faustrecht des Stärkeren. Die damit favorisierte Trennung von wahr und gut, von sein und sollen, von beschreiben und vorschreiben, von begründen und rechtfertigen, wirkt bis heute in Bereiche der Philosophie, der Wissenschaften und des täglichen Lebens hinein nach und hat auch die Mehrheitsauffassungen zum Wahrheitsproblem entscheidend geprägt. Daß es daneben auch (sprach-)analytische Ethiken gab und gibt, ist außerhalb des engen Zirkels der analytischen Ethiker bisher wirkungslos geblieben. (Im vierten Kapitel soll die Überwindung dieser Trennung von theoretisch und praktisch den Ansatzpunkt für eine Weiterentwicklung von Wahrheitsbegriffen bilden.)

2. Satzwahrheit und Wirklichkeit: Abbildtheorien der Wahrheit als methodisches Problem

Als Besonderheit der linguistischen Wende war das Nachdenken über *Sprache als Mittel des Philosophierens* genannt worden. Das bedeutet nicht, daß Philosophen vor der linguistischen Wende nicht auch der Sprache ihre Aufmerksamkeit geschenkt hätten. Typisch für die linguistisch gewendete Philosophie ist aber, philosophische Probleme als Probleme ihrer sprachlichen Form zu reformulieren und zu behandeln – oder als Scheinprobleme zurückzuweisen. Aber auch antike Vorschläge, etwa die bekannte Wahrheitsdefinition des Aristoteles, wonach wahr spricht, wer sagt, wie es (wirklich) sei, können nur als Verhältnis von gesprochener (oder gedachter) Wahrheit zur Wirklichkeit verstanden werden. (Wenig problematisch war den Klassikern nicht nur der Antike, sondern z.B. auch Kant in der *Kritik der reinen Vernunft*, die Vorgänge und Ergebnisse innerer Tätigkeiten wie des Denkens, des Sich-Vorstellens, des Erinnerns, der Phantasie, des Bewußtseins usw. für genauso gut zugänglich zu halten wie die gleichsam nach naturwissenschaftlichem Vorbild „von außen", d.h. durch eine andere Person beobachtbaren Vorgänge des Sprechens. Linguistisch gewendet ist dagegen kritisch zu fragen, wie wir die von der philosophischen Tradition gebrauchte „mentale" Sprache zu verstehen haben, die benützt, wer *über* Denken, Bewußtsein usw. spricht.)

Der im Sinne historischer Wirkung wohl prominenteste Philosoph und Wahrheitstheoretiker nach der linguistischen Wende war Ludwig Wittgenstein. In seinem berühmten, die kniffligsten Interpretationsfragen aufwerfenden und klare Deutungen manchmal verbietenden *Tractatus logico-philosophicus* entwirft Wittgenstein eine *Abbildtheorie der Wahrheit*, wonach Sprache die Wirklichkeit abbilde: „Der Satz ist ein Bild der Wirklichkeit: Denn ich kenne die von ihm dargestellte Sachlage, wenn ich den Satz verstehe.", schreibt Wittgenstein (in 4.021; Wittgenstein hat die Sätze des *Tractatus* in einer bis zu sechs Stellen gehenden Bezifferung numeriert) und erläutert: „Einen Satz verstehen, heißt, wissen was der Fall ist, wenn er wahr ist. (Man kann ihn also verstehen, ohne zu wissen, ob er wahr ist.)" (4.024).

Obgleich Wittgenstein die Auffassung, wahre Sätze seien ein Abbild der Wirklichkeit, selbst wieder aufgegeben und später eine gänzlich andere Auffassung von Sprache und Wirklichkeit entwickelt hat, wirkt die Abbildtheorie (als Spezialfall sogenannter Korrespondenztheorien, wegen der Korrespondenz von Wirklichkeit und Sprache so genannt) in populärer Form heute fort. Sie tritt vor allem als die (vereinfachte) *Wahrheitstheorie der Naturwissenschaften* auf, wonach die besondere Form wissenschaftlicher Erfahrungsgewinnung durch Beobachtung, Messung und Experiment zu Beschreibungen einer vorgegebenen, naturgesetzlichen Wirklichkeit führe. Der Wittgenstein des *Tractatus* ist (übrigens mit einem ausführlichen Rückgriff auf die Ansichten des Physikers Heinrich Hertz) also ein Kronzeuge, wenn nicht gar wirkungsgeschichtlich ein wichtiger Ahnherr einer verbreiteten, von vielen Naturwissenschaftlern geteilten Auffassung der Wahrheit, die in Kap. III als wissenschaftsphilosophische Wahrheitstheorie wieder aufgenommen wird. Aber schon außerhalb der Wissenschaftstheorie wird zu Recht gegen die Abbildtheorie der Wahrheit eingewandt, daß sie problematisch, ja *unbrauchbar* sei *als Wahrheitskriterium*, d.h. für eine Entscheidung, ob ein Satz wahr sei, oder sogar, ob er überhaupt Wirklichkeit beschreibe.

Um dies zu zeigen, braucht man nur zu fragen, was denn die Wörter „abbilden" bzw. „Bild" bedeuten. (Sich diese Frage vorzulegen, kann als Beispiel dafür gelten, Lehren aus dem *linguistic turn* zu ziehen.) Wir sprechen üblicherweise von einem Bild, das etwa ein Maler oder ein Mensch mit einem Fotoapparat produziert, wenn wir auf dem Bild (dem Abbildenden) etwas (das Abgebildete) wiedererkennen. Diesen inneren Vorgang des Wiedererkennens kann man, zur Vermeidung mentaler Sprache, linguistisch gewendet so rekonstruieren, daß *das Abgebildete* und *das Abbildende*, also das Bild, *mit denselben sprachlichen Mitteln beschrieben werden*. So beurteilt man etwa die Qualität der Farbfotographie einer Rose danach, ob wir der abgebildeten Rose und dem Bild der Rose dasselbe Farbprädikat, z.B. *lachsfarben*, zuschreiben, oder ob das Foto einen Farbstich hat. Abgeleitete Formen des Redens von Bildern (z.B. Erinnerungsbild, Weltbild, mathematische Abbildung usw.) führen immer noch die Bedeutung mit sich, daß das Abgebildete und das Abbildende in einigen Eigenschaften übereinstimmen müssen, d.h., daß beiden bestimmte Wörter zur Auszeichnung der Beziehung von Abgebildetem und Bild zukommen müssen oder nicht zukommen dürfen. (Die Beschränkung auf einige Eigenschaften oder besser, Kriterien der Entsprechung bringt das Wort *Korrespondenz* gut zum Ausdruck.)

Überträgt man diese Sprechweise von Abbilden und Bild auf den Versuch, Wahrheit durch Abbilden von Wirklichkeit in Sprache zu interpretieren, zeigt sich das Dilemma: Der sprachliche Satz „Diese Rose ist lachsfarben" und die lachsfarbene Rose selbst stehen nicht in einer Abbildbeziehung zueinander, weil keine Wörter zu finden sind, die zutreffend beiden, dem Satz und der Rose, gleich und zurecht zugesprochen werden können, um die bildliche Entsprechung von Satz und Rose zum Ausdruck bringen.

Der Vorschlag, die Wahrheit einfacher Sätze als Abbildungsbeziehung zu wirklichen Dingen oder Ereignissen zu verstehen, übersieht – und das hat schon Wittgenstein im *Tractatus* klar herausgearbeitet –, daß *Sätze* nicht Dinge oder Ereignisse, sondern *Sachverhalte* darstellen. (Wirkliche Sachverhalte nennt man üblicherweise *Tatsachen* – im Unterschied etwa zu fingierten Sachverhalten der Dichtung, des Lügens usw.) Wenn nun die Wahrheit von Sätzen durch die Wirklichkeit der in ihnen dargestellten Sachverhalte bestimmt werden soll, muß man wissen, welche Sachverhalte wirklich sind.

Wen die oben vorgetragenen Argumente, daß Sätze keine Dinge oder Ereignisse abbilden, weil wir Vergleiche immer nur innerhalb gleicher Kategorien sprachlich ausführen können, also Dinge mit Dingen und Sätze mit Sätzen vergleichen können (so daß dann bestimmte Wörter Dinge oder Ereignisse bezeichnen, bestimmte Sätze aber Sachverhalte darstellen), könnte nun, unterstützt durch ein populäres Verständnis der Naturwissenschaften, eine Entscheidung über die Wirklichkeit von Sachverhalten in unserer Sinneswahrnehmung – in den Naturwissenschaften unterstützt z. B. durch Meßgeräte – suchen. Der einfache Beispielsatz über die Farbe einer Rose ist ja von der Art, daß wir ihn im konkreten Falle durch Anschauen der Rose entscheiden würden. Ist also die Abbildvorstellung der Wahrheit – wenigstens im Bereich von Wahrnehmungsurteilen – nicht dadurch zu retten, daß Wahr-Nehmung in der Erzeugung eines Bildes der wahrgenommenen Wirklichkeit durch Wahrnehmungsorgane wie Augen und Zentralnervensystem besteht? Aber auch dieser (von manchen Wissenschaftlern und Philosophen geschätzte) Weg ist als ein Irrweg auszuweisen:

Wahrnehmung dient nicht dazu, Bilder des Wahrgenommenen zu erzeugen. Dies suggerieren nur sprachlich irreführende Beschreibungen z. B. von Aufbau und Funktion des menschlichen Auges, wonach die Linse auf der Netzhaut ein Bild des Gesehenen entwerfe, das dann über Nervenzellen nach Analogie einer Fernsehkamera weitergeleitet wird. Die Produktion von Bildern durch Fotoapparate, Fernsehkameras usw. dient nämlich immer dazu, Bilder (Farbfotographien, Fernsehbilder) zu erzeugen, die wieder von einem (wahrnehmenden) Menschen betrachtet werden. Würde aber unser Wahrnehmungssystem Bilder entwerfen, müßte es im menschlichen Organismus eine Instanz geben, die diese Bilder ihrerseits betrachtet, wahrnimmt, erkennt und beurteilt. In der Kognitionspsychologie und in der Hirnforschung nennt man dies den Trugschluß des Homunculus, also des wahrnehmenden Menschleins im Gehirn oder im Bewußtsein, das dort das Bild des Geschehens, z. B. als neuronales Erregungsmuster, anschaut, erkennt und beurteilt – und dabei dann wieder über „wahr" und „falsch" (von Wahrnehmungsurteilen) verfügen müßte.

Dieser schon auf die Naturwissenschaften zugreifende Exkurs und der Vorschlag, die Wahrheit von Wahrnehmungsurteilen ließe sich auf die Abbildung der wahrgenommenen

Wirklichkeit in unser Hirn, unser Bewußtsein usw. zurückführen, würde außerdem übersehen, daß psychologisches, physiologisches, neurobiologisches und anderes naturwissenschaftliches Wissen über die Funktion des organismischen Wahrnehmungsapparates seinerseits überhaupt nur dadurch zustande kommen kann, daß Menschen erfolgreich wahrnehmen können, was für die Wissenschaften allemal bedeutet, daß sich wissenschaftliche Beobachter über einfache Wahrnehmungs*urteile* müssen *einig werden* können. Mit anderen Worten, der Umweg über die Naturwissenschaften und eine von ihnen erwartete Erklärung menschlicher Wahrnehmungsleistungen als Beurteilungsinstanzen von Wahrnehmungssätzen könnte im günstigsten Falle nur das nachträglich erklären, was sie selbst schon voraussetzt und in Anspruch nimmt: *die Beurteilung von Wahrnehmungssätzen nach wahr und falsch.*

Diese Nachträglichkeit mag einen Hinweis geben, daß das Entsprechungsverhältnis von *wahren Aussagen* und *wirklichen Sachverhalten* als Sprachproblem, genauer, als *Problem der Reihenfolge von Definitionsschritten* reformuliert werden kann. Soll also, wie die (verbesserte) Abbildtheorie der Satzwahrheit suggeriert, das Beurteilungsprädikat „wahr" für Sätze durch das Beurteilungsprädikat „wirklich" für Sachverhalte definiert werden? Da man in diesem Fall zur Einigung über die Wirklichkeit von Sachverhalten kommen muß, um zur Einigung über die Wahrheit von Sätzen zu gelangen, geht es also wieder um die *sprachliche Beurteilung der Wirklichkeit von Sachverhalten in wahren Sätzen.* Das heißt, in dieser Reihenfolge von Schritten führt der Definitionsversuch von „wahr" durch „wirklich" ersichtlich in einen Argumentationszirkel – und nicht „aus dem Reden heraus und in die Wirklichkeit hinein". In jedem Anwendungsfalle der Definition von „wahr" durch „wirklich" muß nämlich wieder ein Wahrheitsanspruch an einen Satz erhoben und eingelöst werden. Das heißt, dieser Weg ist nicht gangbar, weil er in Anspruch nimmt, was er selbst erst leisten soll.

Diese Einsicht legt den Versuch nahe, die umgekehrte Reihenfolge der Definitionsschritte zu prüfen, wonach die Wirklichkeit von Sachverhalten dadurch definiert wird, daß wir sie in wahren Sätzen darstellen. Und diese Reihenfolge erweist sich als gangbar, trotz erwartbarer Einwände: Dem Sprachgefühl des Laien ebenso wie tiefsitzenden populären Verständnissen und Selbstverständnissen vor allem von Naturwissenschaftlern entspricht eine solche Reihenfolge nicht, weil sie ja zu bedeuten scheint, daß nur wirklich ist, was Menschen als wahr erkannt haben. Fast zwangsläufig wird dagegen eingewandt, daß ja z. B. die Erde oder das Universum längst wirklich waren, bevor es Menschen gab, die darüber wahre Sätze behauptet haben – wie wir ja im Alltag auch annehmen, daß Dinge unseres täglichen Gebrauchs auch dann wirklich sind, wenn sie gerade niemand wahrnimmt.

Es ist eine der besten Leistungen des *linguistic turn*, zeigen zu können, daß solche realistischen, d. h. auf Wirklichkeitsannahmen beruhenden Auffassungen in Scheinproblemen bestehen, denn auch der Wirklichkeitsgläubige bezüglich Erde oder Universum vor Entstehung der Menschheit kann ja nicht ohne Sprache behaupten, daß es die Erde schon vor Entstehung der wahrnehmenden und Sätze produzierenden Menschheit gegeben habe. Mit anderen Worten, wer auf die menschenunabhängige Existenz der Erde verweist, hat zu berücksichtigen, daß er damit eine Behauptung aufstellt, nach deren Sinn und Geltung er befragt werden kann. Auch tritt das Wort wirklich, mit etwas Sprachsorgfalt betrachtet, eben nicht als Prädikator für Erde oder Universum auf, sondern z. B. für den Sachverhalt, daß beide vor etwa zehn Millionen Jahren schon bestimmte physikalische Eigenschaften hatten. Das heißt, Sachverhalte und die Frage nach ihrer Wirklichkeit können nicht ohne Sprache, ohne ihre sprachliche Darstellung und einer damit verknüpften Entscheidung des Sprechers, sie als wirklich, fiktiv, vermutet oder ähnliches zu beurteilen, Gegenstand unserer Überlegungen werden. Oder kurz, es ist so erschreckend nicht, daß die Definitionsreihenfolge von wahr zu wirklich die Wirklichkeit an die menschliche Tätigkeit des Sprechens und des Beurteilens von Rede bindet, weil ja außerhalb der Praxis des Redens und Beurteilens die Wirklichkeit von Sachverhalten auch kein Problem werden kann, das mit der Wahrheit sprachlicher Darstellungen zu tun hätte. Woher aber mag es kommen, daß so klar kritisierbare Auffassungen tatsächlich immer wieder Zuspruch erfahren?

All die unzähligen, mit dem voranstehenden Argument kritisierten Varianten von *Abbild-, Korrespondenz-* oder auch *Adäquationstheorien der Wahrheit* stehen letztlich unter einer Leitvorstellung, die auf den Kirchenvater Thomas von Aquin und seine klassisch gewordene Formel „veritas est adaequatio rei et intellectus" (Wahrheit ist die Entsprechung von Sache und Geist, Einsicht, Wissen) zurückgeht. Statt *adaequatio* tauchen bereits in der frühen Scholastik auch Wörter auf wie *correspondentia, conformitas, convenientia* und andere.

Abbild- und Korrespondenztheorien in einem Atemzug zu nennen, soll nicht das Mißverständnis nahelegen, alle Korrespondenz- oder auch Adäquationstheorien der Wahrheit seien zugleich Abbildtheorien. Vielmehr erheben Abbildtheorien nur den radikalsten Anspruch auf die Korrespondenz von Welt und Sprache. Abbildtheorien postulieren, wenn schon nicht eine „eineindeutige" Zuordnung von Welt- und Sprachgegenständen, so doch zumindest eine „eindeutige", wonach jedem Sprachgegenstand genau ein Weltgegenstand zugeordnet sein soll. Solche Abbildtheorien gelten heute als widerlegt. Dagegen bildet es einen wichtigen Teil aktueller wahrheitstheoretischer Diskussionen, in welchem weniger radikalen Sinne eine Korrespondenz von Sprache und Wirklichkeit angenommen werden kann, um Wahrheit zu definieren. Kandidaten hierfür sind *Bedeutungstheorien* (etwa mit der Annahme, Eigennamen würden wirkliche Dinge benennen und Prädikatoren wirkliche Eigenschaften aussagen, über die Auffassung, Bedeutungen von Sätzen seien wirkliche Sachverhalte oder Tatsachen in der Welt, bis zu Theorien der empirischen Bewährung naturwissenschaftlicher Sätze, die naturgesetzliche Regularitäten beschreiben); aber auch Wirklichkeitsannahmen sogar in pragmatischen Ansätzen, wonach die Formel „wahr = nützlich" eine Korrespondenz von Wirklichkeit und für den Menschen nützlichen Gedanken oder Ideen zum Ausdruck bringt (zu all den genannten Ansätzen vgl. Kapitel II, 4).

Allen Korrespondenztheorien ist ein prinzipielles Problem gemeinsam: Als Korrespondenz-*Theorie*, das heißt als (metasprachliche, explizite) Behauptung des Entsprechens von Welt und Sprache bzw. als (metasprachliche, explizite) normative Formulierung eines Wahrheitskriteriums nämlich müssen entsprechende Weltgegenstände ihrerseits sprachlich benannt werden – oder die fraglichen metasprachlichen Sätze können nicht gebildet werden. Damit führen aber korrespondenztheoretische Ansätze prinzipiell nicht aus der Sprache heraus und in die sprachfreie Wirklichkeit hinein. Vielmehr werden Sprachgegenstände – Eigennamen, Prädikatoren, Sätze, Theorien, sprachlich formulierte Modelle usw. – ins Verhältnis gesetzt zu selbst bereits sprachlich anzugebenden Weltgegenständen – mit dem bereits genannten und prinzipiell unlösbaren Problem, wie es denn bei diesem vermeintlich direkten Zugriff auf die Weltgegenstände wieder dazu kommt, daß ihre sprachliche Darstellung angemessen oder korrespondierend sei.

Das Problem, daß alle Korrespondenztheorien auf eine *petitio principii* hinauslaufen (sei es bedeutungs- oder bewährungsbezogen), läßt sich nur durch eine konstitutionstheoretische Alternative vermeiden: Weltgegenstände, welcher Art auch immer, werden für eine befriedigende Lösung des Wahrheitsproblems durch den menschlichen Umgang mit ihnen voneinander geschieden und näher bestimmt. Ob dies ein sprachfreier, handelnder Umgang, ein sprachfreies, unbeabsichtigtes Betroffenwerden oder ein sprachlich organisierter Umgang ist, spielt dabei keine Rolle, sofern nur die sprachfreien aktiven oder passiven Formen des menschlichen Umgangs mit Weltdingen über eine sprachliche Erfassung menschlicher Handlungen – die ihrerseits wieder z.B. sprachfrei handwerklich oder sprachlich sein können – beschrieben oder vorgeschrieben werden. Das heißt, korrespondenztheoretische Auffassungen können nur in der Form begründet werden, daß ein sprachlicher Umgang mit menschlich konstituierten Weltgegenständen bestimmten Wahrheitskriterien unterworfen wird, daß also letztlich Sprache und Handeln korrespondieren; und nicht zu vergessen ist, daß auch handelt, wer spricht.

Die bei Thomas von Aquin zum Ausdruck kommende, mehr oder weniger eng gesehene Entsprechung von Wirklichkeit und Wahrheit, von Sache und Wissen der Sache, von nichtsprachlicher Wirklichkeit und sprachlicher „Abbildung", ist – ungeachtet ihrer Wurzeln in der griechisch antiken Philosophie und in der jüdischen Tradition – eng mit dem christlichen Schöpfungsglauben verknüpft. Es ist ein unverzichtbarer Bestandteil christlicher Glaubensüberzeugung, daß es die Welt oder die Wirklichkeit als Werk eines schöpfenden Gottes gibt, die die menschlichen Geschöpfe (mehr oder weniger vollkommen) erkennen können – und seit dem Kirchenvater Augustinus auch erkennen sollen. Mit anderen Worten: Wer im Sinne der Wahrheitstheorie von Thomas an der Existenz einer Welt zweifelt, die unabhängig von menschlichen Erkenntnisbemühungen oder -erfolgen durch den Schöpfungsakt Gottes gesichert ist, verletzt einen fundamentalen Glaubensgrundsatz (ein weiteres Beispiel für die oben erwähnte historische Belastung unserer Bildungssprache zum Wahrheitsproblem).

Der naive wie praktisch alle raffinierten Formen von Realismus sind säkularisierte Formen religiösen Schöpfungsglaubens – auch wenn dies manchem Naturwissenschaftler, der von der menschenunabhängigen Existenz von Natur oder von Naturgesetzen spricht, nicht deutlich sein dürfte. Psychologisch gesehen hat dabei die (dann „naturalistisch" genannte) Grundüberzeugung von Naturwissenschaftlern, die Natur und ihre Gesetze bestünden menschenunabhängig und würden ihrerseits sogar – z. B. durch ihre Wirkung in menschlichen Organismen, in der Evolution menschlicher Erkenntnisfähigkeiten und in naturwissenschaftlichen Instrumenten – Naturerkenntnis ermöglichen, durchaus religiöse Züge. Wo angenommen wird, die menschenunabhängige Existenz einer natürlichen (im Sinne von: naturgesetzlichen) Wirklichkeit würde die Naturwissenschaften selbst erst ermöglichen, taugen deren Resultate nicht mehr, diese Existenz nachträglich zu bestätigen. Denn aus logischen Gründen kann keine Theorie ihre eigenen Voraussetzungen bestätigen oder beweisen. Alle Rückschlüsse aus anerkannten naturwissenschaftlichen Ergebnissen auf die Existenz ihrer Gegenstände sind logisch nicht haltbar; sie sind nur Scheinargumente. Allen Adäquationsauffassungen der Wahrheit als Entsprechung an eine menschenunabhängige Wirklichkeit liegt damit, auch bei Zuhilfenahme der Naturwissenschaften, ein Glaubensakt zugrunde, der nach Art religiöser Glaubensakte zu begreifen ist – und sich damit der Frage „Was ist Wahrheit?" entzieht.

3. Die Wahrheit von Sätzen und die Bedeutung von „wahr"

Wenn der Kerngedanke des *linguistic turn* darin besteht, philosophische Probleme als Probleme ihrer sprachlichen Formulierung zu betrachten und zu lösen bzw. abzuwehren, wäre zu erwarten, daß alle realistischen, naturalistischen, korrespondenz- oder adäquationstheoretischen Auffassungen von Wahrheit der Kritik wenigstens derjenigen Philosophen anheimfallen, die die sprachliche Wende mitvollzogen haben. Das ist jedoch nicht der Fall.

Sieht man einmal von dem sehr menschlichen Umstand ab, daß Programme zu proklamieren und zu erfüllen (bzw. erfüllen zu können) durchaus zweierlei ist, so hat die sprachanalytische Diskussion von Existenzaussagen nicht nur klärende, sondern auch – trotz technisch-formaler Exaktheit – verwirrende Auffassungen hervorgebracht: Es wurde zwar geklärt, daß „existieren" im logischen Sinne kein Prädikator sein kann wie „bauen", „sprechen", „regnen" (das hängt damit zusammen, daß man für „ordentliche" Prädikatoren immer Beispiele und Gegenbeispiele soll aufweisen können, was selbstverständlich bei der Einübung an „nicht existierenden" Beispielen so seine eigenen Schwierigkeiten hat); und es wurde zwar gezeigt, daß an der Subjektstelle von Existenzaussagen oft raffiniert zusammengesetzte sprachliche Ausdrücke, sogenannte „Kennzeichnungen" (B. Russell) stehen, die sich auch für Fiktionen und Mehrdeutigkeiten eignen – wie „die älteste Moschee von Marburg", obwohl es in Marburg keine Moschee gibt, oder „der Minister der Bundesrepublik Deutschland", von denen es mehr als genau einen gibt; aber es wurde (leider) auch vorgeschlagen, „Existenz" linguistisch gewendet einfach als Möglichkeit aufzufassen, als Variable unter dem logischen Operator „Existenzquantifikator" – für den logischen Laien: als Wort in einer Existenzaussage – vorzukommen (am prominentesten von W. v. O. Quine). Mit anderen Worten: Eine Sache existiere, wenn ihre sprachliche Bezeichnung in einer Existenzbehauptung vorkomme. Ersichtlich muß dies aber eine wahre Existenzbehauptung sein, wenn an wirkliche Existenz (im Unterschied zu nur fingierter) gedacht wird. So kann wieder keine Definition von „wahr" durch „existieren" gelingen, sondern umgekehrt muß schon über „wahr" und „falsch" verfügt werden, um über „existieren" oder „nicht existieren" zu befinden.

Zu Recht wird der Laie – und sollte der philosophische Fachmann – durch eine solche Antwort irritiert sein, weil sie nicht mehr enthält, als das Problem an eine andere Stelle zu verschieben – jedenfalls solange nicht Erläuterungen aus der sprachphilosophischen und logischen Debatte herausführen und in handhabbare Vorschläge münden, wie man die Prüfung von Existenzaussagen auf ihre Wahrheit – im Alltag wie in den Wissenschaften – tatsächlich auszuführen hat. Statt dessen wird in dieser Philosophie nur von einem *ontological committment* (Quine), also von einer Art Engagement in die Tatsache gesprochen, daß überhaupt etwas existiert. Mit anderen Worten, realistische Glaubenshaltungen werden auch (als mehr oder minder stillschweigend anerkannter Hintergrund) von „linguistisch gewendeten" Philosophen eingenommen. Sie treten auch auf in einer Diskussion des Wahrheitsproblems mit den Mitteln, die der *linguistic turn* hervorgebracht oder besonders entwickelt hat, nämlich mit Logik und mit Theorien sprachlicher Bedeutung, sei es von Wörtern, sei es von Sätzen. Ob damit die ursprüngliche sprachkritische oder gar metaphysik-kritische Zielsetzung des *linguistic turn* noch verfolgt wird, darf man bezweifeln.

Vor allem unter dem Gesichtspunkt der Frage, was unter „wahr" zu verstehen sei, sieht man sich nur noch darauf verwiesen, den alltagssprachlichen Sinn von Ausdrücken wie „es gibt" und „wahr" bereits zu verstehen und sie als Mittel zu akzeptieren, das logische und bedeutungstheoretische (semantische) Handwerkszeug des *linguistic turn* anzuwenden. So löst sich Wahrheitstheorie in eine Theorie der „normalen" Sprache auf – salopp gesagt: Der Laie wird aufgefordert, er solle, statt philosophische Fragen nach der Wahrheit zu stellen, munter auf das zurückgreifen, was er in seiner Alltagssprache immer schon sagt und meint – so unklar es auch sein mag. Daß gerade solche Unklarheiten ein Motiv für einen sprachkritischen Neuanfang der linguistisch gewendeten Philosophie bildeten, wird also dabei übersehen.

Eine besondere Weise, sich mit dem Wahrheitsproblem auseinanderzusetzen, hat in der gegenwärtigen Philosophie die *semantische Theorie der Wahrheit* gefunden, deren Ahnherr Aristoteles ist. Im vierten Buch seiner *Metaphysik* (1011 b 26–28) schreibt Aristoteles: „Von etwas, das ist, zu sagen, daß es nicht ist, oder von etwas, das nicht ist, (zu sagen) daß es ist, ist falsch; während von etwas, das ist, zu sagen, daß es ist, oder von etwas, das nicht ist, (zu sagen) daß es nicht ist, wahr ist." (Klammereinfügungen von P. J.) Dieser zwar etwas unübersichtliche, aber dem Alltagsverstand durchaus plausible Satz von Aristoteles wird von vielen modernen Philosophen als eine Definition des Wortes „wahr" gewertet. Dazu hat die Logik unseres Jahrhunderts, primär als Grundlegungsdisziplin der Mathematik betrieben, hohe Standards der formalen Exaktheit sprachlicher Mittel für das Reden über Sprache und für das Definieren erarbeitet. Sie werden in der sogenannten semantischen Theorie der Wahrheit von Alfred Tarski zur Reformulierung des Aristotelischen Satzes zu einer „sachlich angemessenen und formal richtigen" Definition benützt – so jedenfalls der Anspruch Tarskis.

Die Theorie Tarskis ist nur demjenigen verständlich (zu machen), der zwei Bedingungen erfüllt. Es müssen erstens die logischen und sprachtheoretischen Mittel Tarskis beherrscht werden, wenn „formalisierte Sprachen" mit Hilfe von Termini wie „undefinierte Terme", „Regeln der Definition", „Aussage", „Behaupten", „Axiom", „Schlußregel", „Theorem" definiert oder gebraucht werden, für die allein Tarskis Wahrheitsdefinition „formal richtig" ist. Und zweitens müssen viele stillschweigende Annahmen und explizite Voraussetzungen Tarskis bezüglich Sprache, Logik und Philosophie im allgemeinen geteilt werden, um seinem Vorschlag zu folgen. So geht er z. B., als wäre es ebenso selbstverständlich wie legitim, davon aus, bei der „Bedeutung" eines sprachlichen Ausdrucks nach dessen „Extension", also nach allen zutreffenden Anwendungsfällen, im Unterschied zur Unterscheidungsabsicht des Sprechers, d. h. dem Sinn, der „Intension" eines sprachlichen Ausdrucks zu fragen. Nicht nur der Laie trifft auf Schwierigkeiten, wenn er sich in der einschlägigen Diskussion informieren möchte und dabei die tiefgreifende terminologische Uneinigkeit analytischer Sprachphilosophen und Wahrheitstheoretiker bezüglich der Ausdrücke „Sinn", „Bedeutung", „Extension" und „Intension" feststellt.

Gründe, der Theorie Tarskis – und den daran anschließenden Philosophien – nicht zu folgen, können folgende sein:

(1) Zur Frage, worauf die Wörter „wahr" und „falsch" angewandt werden, wird von Tarski die Auffassung verworfen, „Urteile" oder „Überzeugungen" (als „psychologische Phänomene") zuzulassen. Statt dessen werden „sprachliche Ausdrücke, speziell Sätze" als Kandidaten für wahr und falsch angenommen und diese als „physikalische Gegenstände" bezeichnet. Zwar findet sich darin schon die oben erwähnte Tugend einer linguistisch gewendeten Philosophie, an die Stelle einer mentalen oder Bewußtseinssprache eine solche über „beobachtbare" Phänomene zu setzen. Aber es wird dabei völlig übersehen, daß Wörter oder Sätze keine „physikalischen Gegenstände" sind. Sie sind zuerst einmal als Mittel alltäglicher Kommunikation nicht nur von Menschen her-

vorgebracht und benützt, sondern sie müssen auch erfolgreich benützt werden, damit (z. B. unter den speziellen technischen Zwecken eines Akustikers oder Tontechnikers) daraus durch Abblendungen oder Methodenbeschränkungen so etwas wie „physikalische Phänomene" (nämlich Schallereignisse) werden können. Oder kurz: Wer Wörter und Sätze als bloße Schallereignisse nimmt, denen dann durch irgendwelche Zusätze Sinn und Bedeutung, Anwendungsbezug und Wahrheit zukommen sollen, stellt die Sache methodisch auf den Kopf. Dabei ist ein solches Vorgehen noch nicht einmal „selbstkonsistent", insofern es nämlich selbst schon mit dem Anspruch auf Verständlichkeit und Geltung auftritt, wenn es diesen methodischen Kopfstand formuliert.

(2) Ein weiterer Einwand gegen die Wahrheitstheorie Tarskis ergibt sich – ungeachtet aller Bemühungen, seine für einen speziellen Fall von formalen Kunstsprachen formulierte Theorie auf Wahrheitsprobleme der *Alltagssprache* zu übertragen – daß dem *Handlungscharakter des Redens* nicht Rechnung getragen wird. So wird z. B. der nur handlungstheoretisch zu klärende Unterschied zwischen dem Behaupten, dem Fragen, dem Auffordern, dem performativen Sprechen nicht erfaßt. Sollte die Frage von wahr und falsch vielleicht nur eingebettet in die kulturelle Gesamtleistung menschlicher Sprache beantwortet werden können – wobei ja sprachliche Kommunikation gelegentlich, z. B. in der dramatischen Situation eines Schiffsuntergangs, allein über Befehle und Aufforderungen gelingt –, und sollte damit das Wahrheitsproblem nicht schon in einer erfolgreichen Aufforderungspraxis eine Erläuterungsgrundlage finden, ist die „semantische Theorie der Wahrheit" auch nicht von Ferne mehr zuständig.

Ein bleibendes Verdienst der „semantischen Theorie" ist jedoch die Unterscheidung von *Wahrheitsdefinition* und *Wahrheitskriterium*. Mit anderen Worten: Wie schon die zitierte Wahrheitsdefinition von Aristoteles, so ist auch die immer wieder zitierte Tarskische Definition – in der Kurzform: „‚Der Schnee ist weiß' ist wahr genau dann, wenn der Schnee weiß ist." – eben nur „Wahrheits*definition*", d.h. legt den Gebrauch des Wortes „wahr" fest, ohne zu sagen, wie das *Verfahren der Überprüfung* der Wahrheit eines Satzes ist. Insofern läßt sich eine solche Definition auf alle verschiedenen Überprüfungsmethoden der Geltung von Aussagen beziehen, ob es sich nun um einen arithmetischen oder einen geometrischen, einen physikalischen oder einen historischen, einen Alltagssprachen- oder einen Kunstsprachensatz handelt.

Ein zweites Verdienst der Klärung des Wahrheitsbegriffs durch Tarski liegt darin, daß eine Beziehung zwischen zwei Sprachebenen hergestellt und geklärt wird, die im Effekt vor dem Fehler schützen kann, eine tatsächlich erfolgte, begründete *Zustimmung* einer Sprechergruppe zu einem Satz mit *Wahrheit durch Begründung* zu verwechseln. Dies sei an einem Beispiel erklärt: Angenommen, ein Regierungschef halte eine Neujahrsansprache über das Fernsehen, in der er Wirtschaftsdaten über das abgelaufene Jahr bekanntgibt, die ausweislich der Daten seiner eigenen Wirtschafts- und Finanzminister falsch sind. Später stelle sich heraus, daß die Fernsehanstalt versehentlich die Ansprache aus einem der Vorjahre statt der aktuellsten Neujahrsrede gesendet hat. Damals trafen die vorgetragenen Wirtschaftsdaten noch zu. Dieses Beispiel soll die Frage veranschaulichen, ob es sein kann, daß eine Aussage, die einmal falsch war, nun plötzlich wahr wird – und umgekehrt. Mit anderen Worten: Kann ein wahrer Satz auch falsch sein und ein falscher wahr, wenn nur zusätzliche, neue Einsichten zur Begründung oder Widerlegung hinzutreten – wie im Beispiel der Fernsehrede die richtige Zeitangabe der Aufzeichnung?

Hier kann Tarskis Definition den Hinweis geben, daß die Bedeutung des Wortes „wahr" (und analog „falsch") im metasprachlichen Satz „A ist wahr" (A steht für eine bestimmte Aussage) immer nur dann gilt, wenn A gilt – und analog bei „falsch". Das heißt, daß wahre Aussagen nicht falsch werden können und umgekehrt, sondern daß das Prinzip gilt: „Einmal wahr, immer wahr" bzw. „einmal falsch, immer falsch". Es mag vorkommen, daß später eingesehen wird, daß frühere

Begründungen vielleicht fehlerhaft oder frühere Formulierungen eines Satzes unvollständig waren – wie ja auch die zum falschen Zeitpunkt gesendete Fernsehansprache gegen Mißverständnisse durch explizite Nennung von Jahreszahlen gefeit wäre.

Mit anderen Worten, die Tarskische Definition verbietet, daß ein Satz in der Metasprache als wahr bezeichnet wird, der es objektsprachlich nicht ist, und analog gilt das für „falsch". Dabei geht es um mehr als bloß den Umstand, daß man eben einen Satz nicht wahr nennen sollte, der es nicht ist. Vielmehr verbirgt sich dahinter ein fundamentales Problem der Irrtumsanfälligkeit jeglichen menschlichen Urteils: Angenommen, „wahr" solle *per definitionem* nur aufgrund einer „Begründung" eines Satzes diesem zugesprochen werden – siehe dazu ausführlich S. 111, dann wird es selbstverständlich vorkommen, daß eine Begründung gegeben und für erfolgreich gehalten wird; man darf dabei sogar an Extrembeispiele von Verläßlichkeit wie mathematische Beweise denken. Damit ist aber nicht prinzipiell ausgeschlossen, daß später ein Fehler in der Begründung entdeckt wird. Soll man dann sagen, der einstmals wahre, weil begründete Satz sei nun neuerdings falsch geworden, oder soll man sagen, man habe sich eben bezüglich des Vorliegens einer Begründung und damit bezüglich der Wahrheit des entsprechenden Satzes geirrt? Dies schließt ja konsequent das Risiko ein, daß für die neuere, jüngere Überzeugung auch nur wieder das tatsächliche Vorliegen einer (prinzipiell irrtumsanfälligen) Begründung angeführt werden kann. Für diese kann dann noch ausgeführt werden, warum sie einen Fehler der früheren, vermeintlichen Begründung vermeidet – aber ob nicht später noch einmal ein (anderer) Begründungsfehler entdeckt werden könnte, kann nicht ausgeschlossen werden.

Das heißt, daß die Fehlbarkeit von Begründungen und damit von Beurteilungen sprachlicher Aussagen auf Wahrheit prinzipiell nicht behebbar ist. Es gibt auch für die bestbegründeten oder gar bewiesenen Aussagen nicht so etwas wie die absolute Sicherheit; sie läßt sich schon gar nicht daran ausweisen, daß (etwa nach dem Konsens der Experten) eine Begründung tatsächlich gelungen sei. *Wahrheit* ist in diesem Sinne *nicht absolut endgültig*, sondern – für vorgelegte Begründungen – nur vorbehaltlich vermiedener Argumentations- und Begründungsfehler gesichert.

Ein Nebeneffekt dieser Einsicht ist es, daß Zeitangaben, die einen Einfluß auf die Wahrheit oder Falschheit von Aussagen haben, immer auf die Ebene der objektsprachlichen Aussagen, nicht aber zu den metasprachlichen Beurteilungen auf Wahrheit oder Falschheit gehören. Intuitiv verfährt auch jeder Alltagssprachensprecher in dieser Sache richtig, weil ja z. B. bei einer Zeugenaussage vor Gericht festgestellt wird, der Zeuge habe *zum Zeitpunkt t* das Ereignis E beobachtet, und dies könne er *jederzeit* beschwören, nicht aber, der Zeuge habe ein Ereignis E beobachtet, was er zum Zeitpunkt t' beschwören, aber zu einem anderen Zeitpunkt t nicht beschwören könne.

Die an der Theorie Tarskis zu gewinnende Erkenntnis, daß eine Wahrheitsdefinition zugleich eine Beziehung zwischen der Wahrheit auf der objektsprachlichen und der metasprachlichen Ebene herstellt, läßt sich auch dahingehend auswerten, daß – wie das Beispiel mit der Neujahrsansprache zeigt – „Begründung" als Ausweis der Wahrheit eines Satzes nicht als tatsächlich geleistetes Produkt, sondern als Erkenntnisziel, als „regulative Idee" zu verstehen ist. Das heißt, wer verstehen will, was eine Begründung ist, kann dies nicht an Exemplaren gelungener Begründungen erreichen – wie man ja auch das Wort „wahr" nicht dadurch erlernen kann, daß man sich eine große Anzahl wahrer Sätze als Beispiele vor Augen führt und entsprechend falsche Sätze als Gegenbeispiele. Für „Begründen" muß vielmehr eine Liste von Anforderungen an Verfahren zur Auszeichnung begründeter Sätze angegeben werden. Was dies im einzelnen heißt, wird in Kapitel IV erläutert.

Obgleich die Theorie Tarskis aus der gegenwärtigen Diskussion von „Wahrheitstheorien", wie sie im folgenden Abschnitt „Lust und Last der Gegenwart" angesprochen wird, nicht mehr wegzudenken ist, bleiben zusammenfassend folgende Mängel festzuhalten:

– Die Erwartung etwa eines Laien oder eines Wissenschaftlers, von einer Wahrheitstheorie zu erfahren, mit welchen Mitteln er über die Wahrheit eines Satzes entscheiden könne, wird enttäuscht. Die Theorie betrifft die Wahrheitsdefinition, leistet aber keine Hilfe für Verifizierungs- oder Kontrollverfahren irgendeiner Art;

– damit fehlen auch mögliche Verbindungen zwischen Wahrheitsdefinition und Wahrheitskriterien etwa derart, daß ja das Interesse am Wahrheitsproblem legitimerweise auch in der tatsächlichen Anwendung auf Entscheidungen begründet ist, Sätze nach wahr und falsch zu beurteilen. Ob also z.B. nicht zuerst wenigstens für bestimmte Fälle von Wahrheiten zu klären wäre, aufgrund welcher Kriterien sie festgestellt (oder gar hergestellt) werden können, bevor sich dann daran eine Wahrheitsdefinition anschließen läßt, kann im Rahmen des Tarskischen Ansatzes gar nicht diskutiert werden. Eine methodische Ordnung von Wahrheitskriterium und Wahrheitsdefinition stellt sich im Rahmen des Ansatzes von Tarski nicht;

– ob den zahlreichen stillschweigenden oder expliziten Annahmen, die in die Theorie Tarskis eingehen, zugestimmt werden kann oder nicht, tritt heute tatsächlich nur als unbegründete Entscheidung der Gruppenzugehörigkeit zu einer philosophischen Richtung auf. Sie läßt sich im Ansatz Tarskis selbst weder begründen noch widerlegen, weder rechtfertigen noch mit Gründen ablehnen, sondern gewinnt Züge eines Naturereignisses, das sich nur noch feststellen oder beschreiben läßt. Die Wozu-Frage kann hier nicht gestellt werden, und zwar noch nicht einmal für die formalisierten Sprachen, für die Tarski seine Theorie entwickelt hat. Ihr fehlt, mit anderen Worten, jeder Bezug nicht nur zur Welt des alltäglichen Lebens, sondern sogar zur Welt der Wissenschaft.

Der mangelnde Bezug zu jeder Form von Praxis, in der das Wahrheitsproblem auftritt – wie lebensweltlich beim Richter, wissenschaftlich beim Forscher – bildet auch das zentrale Charakteristikum einer wahrheitstheoretischen Diskussion, wie sie in der Sicht mancher moderner, vor allem aus dem englischen Sprachbereich stammender Philosophen das Kernstück gegenwärtiger theoretischer Philosophie darstellen. Diesem gleichsam als Abschluß historischer Erblasten zu sehenden Teil philosophischen Geschehens gilt der nächste Abschnitt.

4. Lust und Last der Gegenwart

Zunächst einmal ist die Perspektive auf die Gegenwart wieder zu erweitern, indem die Beschränkung auf Wahrheitsdefinitionen aufgegeben und auch *Wahrheitskriterien* in Betracht gezogen werden. Außerdem ist „Gegenwart" genauer zu bestimmen, da sich die modernen, aktuell diskutierten Wahrheitstheorien in der zweiten Hälfte unseres Jahrhunderts („engere Gegenwart") auf sprachanalytische Themen und Vorlieben zusammenziehen, während in der ersten Hälfte des 20. Jahrhunderts („weitere Gegenwart") ein anderer philosophischer Horizont bestimmend war – in so verschiedenen Ansätzen wie der *pragmatischen* Theorie der Wahrheit von William James (1907), der *phänomenologischen* Wahrheitsdiskussion von Edmund Husserl (1901) und Martin Heidegger (1927) sowie einer an den exakten Wissenschaften interessierten Diskussion etwa durch Rudolf Carnap (ab 1926), Carl Gustav Hempel (ab 1935), oder Karl Popper (ab 1935).

Klammert man hier die wissenschaftstheoretische Wahrheitsdebatte aus, die sich über B. Russell und L. Wittgenstein in manchen Perspektiven auf G. Frege zurückverfolgen läßt und in wichtigen Aspekten von der Philosophie des *linguistic turn* geprägt ist – sie durchzieht als Wissenschaftstheorie auch die zweite Hälfte des Jahrhunderts und wird gesondert in Kapitel III besprochen –, so handelt es sich bei der Unterscheidung von engerer und weiterer Gegenwart nicht nur um die chronologisch grobe Zweiteilung des Jahrhunderts, sondern um den grundlegenden Unterschied, daß den früheren Ansätzen noch ein wesentlich breiteres philosophisches Erkenntnisinteresse zugrunde lag. Die Diskussion der sprachanalytischen Wahrheitstheorien dagegen führt immer mehr zu fachphilosophisch internen, formalistisch-scholastischen Erstarrungen, zu Abblendungen und Beschränkungen. Gemessen am Programm dieses Buches ist dafür die Ferne oder Ausklammerung jeglicher Wozu-Frage das deutlichste Abgrenzungskriterium.

Ganz anders verhält es sich dagegen mit der Wahrheitsauffassung des Pragmatismus, wie W. James sie in seinen „Vorlesungen zum Pragmatismus" darlegt. Sie läuft, gegenüber den formalen Subtilitäten der Tarski-Tradition geradezu grobschlächtig daherkommend, direkt auf die Nützlichkeitsfrage zu und versucht, „wahr" als das zu bestimmen, was nützt. – Der Pragmatismus, dem anfänglich auch der sich in subtile intellektuelle Differenziertheit abspaltende Denkweg von Charles Sanders Peirce gehörte und der noch einige andere Vertreter kennt, ist wohl die einzige originär in Nordamerika entstandene philosophische Position. Sie hat in der einfachen und durchaus klaren Darstellung durch James auch in moderner alltagssprachlicher Rede z.B. von „pragmatischen Problemlösungen" ihren Niederschlag gefunden.

James, der zunächst Wahrheit korrespondenztheoretisch als Übereinstimmung unserer Ideen mit der Wirklichkeit – und Falschheit als Nicht-Übereinstimmung – definiert, wendet sich gegen ein abbildtheoretisch verkürztes Verständnis von Korrespondenz und bestimmt Übereinstimmung und Wahrheit durch den *praktischen Unterschied*, den wahre und falsche Ideen nach sich ziehen. Danach sind *wahre Gedanken* stets *wertvolle Instrumente für das Handeln*, falsche nicht. „Unwahre Überzeugungen wirken im Laufe der Zeit ebenso verderblich, wie wahre Überzeugungen förderlich wirken ... Konkrete Wahrheiten, in der Mehrzahl, müssen nur dann anerkannt werden, wenn ihre Anerkennung zu etwas dient ... Unsere Pflicht, mit der Wirklichkeit übereinzustimmen, hat, wie man sieht, ihren Grund in einem wahren Dickicht konkreter Nützlichkeit" (S. 146–148). Für die Wissenschaften läuft dies – hier vermeint man, den renommierten Psychologen James zu erkennen – darauf hinaus, dasjenige für wahr zu halten, was die größtmögliche Summe von Befriedigung des Wissenschaftlers ergibt.

Der Pragmatismus, dessen Verdienst – bei all seinen Vertretern in unterschiedlicher Weise – in einer stichhaltigen Kritik mancher rationalistischen Prämissen der traditionellen Wahrheitsdiskussion liegt, ist vielfältig kritisiert worden – unter anderem einschlägig von B. Russell, der der pragmatischen Theorie eine *petitio principii* vorwirft, weil man ja wieder wissen müsse, was in Wahrheit gut für uns sei – und ist bis heute geeignet, wütende Proteste von Verteidigern der Wertfreiheitsthese von Wahrheit auszulösen: Krasser könnte der Gegensatz kaum sein als zwischen „Wahrheit als Nützlichkeit" und „Wahrheit als Teilhabe am Ewigen, Göttlichen – im Unterschied zur sklavischen Orientierung am Nutzen".

Die pragmatische Theorie der Wahrheit nach James ist derjenige Ansatz, dem man wohl von allen historisch vorfindlichen am wenigsten wird vorwerfen können, er hätte die Wozu-Frage vernachlässigt. Sie führt James dazu, Auffassungen zu entwickeln, denen auch ein handlungstheoretisch und sprachphilosophisch geklärter Ansatz zustimmen kann, wie dem, daß Wahrheiten „erzeugt" werden müssen. Im pragmatischen Ansatz fehlen jedoch nicht nur die durch rund hundert Jahre Philosophie, vor allem Sprachphilosophie, Logik und Handlungstheorie erreichten Differenzierungen und Klärungen, sondern er führt auch zurück auf eine als grundlegend angenommene *Unterscheidung von nützlich und schädlich* im Sinne einer nicht weiter hintergehbaren, vom Individuum zu treffenden Geschmacksentscheidung. Zwar könnte man wohlwollend interpretieren, daß auch bei James die Nützlichkeit auf lange Sicht und damit ein gewisses Moment der Intersubjektivität ins Spiel kommt, aber das Herausführen der Verifikation von Gedanken und Ideen, moderner gesprochen, von den sie darstellenden Sätzen endet in einer resignativen Bezugnahme letztlich auf das subjektiv Angenehme. (Wie einige Kerngedanken der pragmatischen Alternative zu rationalistischen Philosophien in einen Ansatz aufgenommen werden können, der diese Defekte nicht hat, wird in Kapitel IV entwickelt.)

Auf den ersten Blick von völlig anderer Art sind *phänomenologische* Zugänge zum Wahrheitsproblem. Sie bilden, entwickelt durch Husserl und Heidegger, Kristallisationspunkte eigener, höchst umfangreicher philologischer, philosophiehistorischer und – als Fortsetzung phänomenologischen Philosophierens – eigenständig systematischer Erörterungen (z. B. bei E. Tugendhat, auch bei L. B. Puntel). Auf sie kann hier, braucht aber auch nicht im Detail eingegangen zu werden, weil sie mehrere charakteristische Züge aufweisen, die den in diesem Buch programmatisch verfolgten Klärungen der Wahrheit als Mittel zur Lebensbewältigung in expliziten Kriterien zur Unterscheidung wahrer und falscher Sätze nicht genügen. Husserls Wahrheitstheorie ist im wesentlichen eine *Theorie der Evidenz* als eines im Bewußtsein sich ereignenden *Evidenzerlebnisses*. Sie ist damit eine Bewußtseinsphilosophie, gegen die spricht, daß sie selbst keine Hilfestellung gibt in der Explikation ihrer einschlägigen Fachsprache. Husserl sind zwar wichtige Einsichten zu verdanken, daß für das Wahrheitsproblem Konstitutionsleistungen geistiger, linguistisch gewendet, auch sprachlicher Gegenstände unverzichtbar sind, und damit alle positivistischen oder physikalistischen Beschreibungen des Erkennens zu kurz greifen. Aber Husserl hat versäumt, der sprachlichen Form seiner Philosophie die Explikation und Klarheit zu geben, die seine Rückführung von Wahrheit auf Evidenz vom bloß subjektiven Erlebnis auf einen *transsubjektiven Geltungsanspruch* nachvollziehbar auszuweiten erlaubt.

Heidegger, der einen höchst originellen, aber falschen und von ihm selbst später aufgegebenen Zugang zum Wahrheitsproblem über eine Interpretation des griechischen Begriffs der *alétheia* als dem „Unverborgenen" gewählt hat, verschärft, verglichen mit Husserl, noch die Gegensätze zwischen zustimmungsfähigen und kritikbedürftigen Aspekten seiner Wahrheitstheorie: Heidegger entwickelt eine eigene Sprachauffassung und eine philosophische Sprache, die ihn bis heute zum Gegenstand kontroverser Heidegger-Deutungen machen (auch wenn der Heidegger-Verriß durch den Logischen Empiristen R. Carnap und dessen These, Heideggers Philosophie erschöpfe sich in Scheinproblemen, überzogen ist), erweist sich aber, in einer die Heideggersche Sprache nicht einfach nachredenden Interpretation, auch als fruchtbarer Autor für Konstitutionsprobleme lebensweltlicher und wissenschaftlicher Wahrheit. Mit anderen Worten, der Umstand, daß die beiden großen Phänomenologen in einer höchst explikationsbedürftigen Sprache eine Art der Bewußtseinsphilosophie entwickelt haben, deren Transformation in einen terminologisch explizierten Zugang zum Wahrheitsproblem erst zu leisten ist, hat Wirkungen etwa auf die sprachanalytische Wahrheitsdebatte unterbunden. Die Phänomenologie teilt mit dem Pragmatismus das Schicksal, von den modernen sprachanalytischen Debatten, die sich selbst als *mainstream philosophy* verstehen, ignoriert zu werden, sei es vormals aus Unverständnis, neuerdings aus Unkenntnis.

Nicht zu übersehen ist, daß, wenn auch in höchst verschiedener, beinahe prototypisch verschiedener amerikanischer und deutscher Art, sowohl der Pragmatismus als auch die Phänomenologie das Wahrheitsproblem mit dem Ernst diskutiert haben, dem es nicht um philosophische Glasperlenspiele geht, sondern um ein Problem, das z.B. immer auch für die Lebenswelt und die Bewältigung des Lebens einschließlich ihrer sittlichen Normen und deren ethischer Reflexion wichtig war. Die oben gemachte Unterscheidung von weiterer und engerer Gegenwart hat hierin ihren inhaltlich philosophischen Grund: Die hauptsächlichen Theorien der jüngsten, sprachanalytischen Wahrheitsdiskussion sind in dem letztgenannten Punkt grundverschieden.

Weitestgehend an die englische Sprache gebunden und in ihren Exponenten praktisch ohne Ausnahme auf den anglo-amerikanischen Universitätsbetrieb beschränkt, in dem die philosophische Tradition des Abendlandes wenig, kontinental-europäische zeitgenössische Ansätze wohl gar nicht zur Kenntnis genommen werden, ist eine neue Form einer Art von *in-group-philosophy* entstanden. Zwar gibt es gegenwärtig in Deutschland eine einflußreiche aktuelle, sprachanalytische

Philosophie (und eine große Zahl deutscher Übersetzungen der einschlägigen englischen Texte – vgl. das Literaturverzeichnis), in der, parallel zur anglo-amerikanischen Diskussion, gleichsam eine „Philosophiegeschichte der Jetzt-Zeit" geschrieben und die englischsprachige Diskussion rezipiert wird. Aber eine produktive Beteiligung oder gar eine aus konkurrierenden Ansätzen oder Rückgriffen auf die philosophische Tradition gespeiste Kritik an dieser sprachanalytischen Kultur der Wahrheitstheorien findet nicht statt. Die singulären Ausnahmen, die in Kenntnis und Auseinandersetzung mit der analytischen Tradition von dort aus zu Alternativen aufbrechen, werden ihrerseits von dieser nicht zur Kenntnis genommen.

In der Sache geht es dabei um die Fortführung der Tarskischen Grundidee, in der Sprachphilosophie weniger die Wahrheitskriterien als eine Wahrheitsdefinition zu diskutieren – sieht man von Ansätzen ab, die sich an die *redundanztheoretische These Ramseys* anschließen, das Prädikat „wahr" für Sätze sei überflüssig. Auf die „Redundanztheorie der Wahrheit" gehen wir aus den in Kap. I genannten Gründen nicht ein. Denn es gibt lebensweltlich, wissenschaftlich und philosophisch beliebig viele, wichtige Beispiele, wo niemand auf den metasprachlichen Diskurs über die Wahrheit einer Behauptung verzichtet – aus dem einfachen, „praktischen" Grund, mit Argumenten eine Entscheidung herbeiführen und begründen zu wollen.

Es gibt zu dieser modernen, sprachanalytischen Diskussion unterschiedliche Systematisierungsversuche, Textsammlungen, deutschsprachige Darstellungen und Fortführungen (vgl. hierzu etwa W. Franzen, R. L. Kirkham, L. B. Puntel, G. Shirbekk). Insgesamt geht es dabei um unterschiedliche Formen *realistischer* oder *korrespondenztheoretischer* Ansätze (einschließlich der Sonderform, daß für die Verwendung des Wortes „wahr" der aus der eigenen Tradition übernommene Rahmen gesprengt wird, an metasprachliche Behauptungen zu denken, und statt dessen die Auszeichnung von Sätzen als wahr im Sinne eines *performativen Sprechaktes* zu interpretieren – wie es ein nicht behauptender, sondern einen *Sachverhalt sprach-lich herstellender* Sprechakt ist, eine Person zu etwas zu ernennen. Eine zentrale Rolle spielen für solche korrespondenztheoretische Vorschläge Fragen der sprachlichen Bedeutung – wieder in all ihren Spielarten und Facetten, ob nun einzelne Wörter oder ganze Sätze Bedeutung hätten, ob diese in feststellbaren Abbildbeziehungen oder in bloßen Konventionen bestünden usw.

Charakteristisch für diese Diskussion ist, daß ihr alles zur Sprache Kommende als gegeben erscheint, also nicht nur die natürliche oder Alltagssprache einschließlich all ihrer Leistungen, sondern auch die ihr angeblich gegenüberstehende reale Welt – bestehe sie nun aus Dingen und Ereignissen, Sachverhalten, Tatsachen oder etwas anderem – und, was die gravierendste Schwäche der Diskussion sein dürfte, die für die gesamte Debatte verwendete philosophische Terminologie auch. Letztere wird aber von jedem Autor in je eigener Weise verwendet. Mit anderen Worten, hier wird – bildlich gesprochen – eine Art von Kartenspiel gespielt, bei dem dieselben Karten nicht für alle Spieler dieselben Werte haben oder von denselben Spielregeln betroffen werden.

Die Welt der Philosophen ist durch die sprachanalytische Diskussion der Wahrheitstheorien, nicht selten unter Verlust von Einsichten nicht nur der philosophischen Tradition, sondern sogar der eigenen Wurzeln im *linguistic turn* und im Logischen Empirismus, zur Sprachlosigkeit zwischen philosophischen Schulen und Richtungen verkommen. Sie kann wegen ihres vollständigen Verlusts zu lebensweltlichen oder wissenschaftlichen Zwecken der Wahrheit und wegen ihres hermetischen Charakters aufgrund der stillschweigend geteilten philosophischen Vorannahmen – in Weiterführung des obigen Vergleichs – wie ein Bridge-Club gesehen werden: Für einen aktiven Bridge-Spieler ist es unerheblich, daß es auch noch z. B. Skat- oder Schachspieler und deren Clubs gibt. Und wäre es schon abwegig, in einen Bridge-Club zu gehen, um die dort stillschweigend anerkannten Spielregeln des Bridge zu diskutieren oder gar in Frage stellen zu wollen, so könnte es nur noch abwegiger sein, in einen Bridge-Club zu gehen, um dort den Zweck des Bridge-Spielens einer kritischen Diskussion zu unterziehen.

Die bis in die Wahrheitstheorie professioneller Philosophen hineinreichende Sprachlosigkeit zwischen verschiedenen Richtungen und Schulen entspringt – selbstverständlich – prinzipiell verschiedenen Auffassungen davon, was Philosophie ist und sein soll bzw. sein kann. Wo etwa die Prinzipien einer pluralistischen Gesellschaft so verstanden werden, daß Rechtfertigungsfragen an Praxen immer dann nicht nur lästige, sondern unzulässige Einmischungen darstellen, wenn sie moralisch oder politisch argumentierend *de facto* vorhandenen Handlungsspielräumen von Individuen und Gruppen Pflichten gegenüberstellen, reduzieren sich wahrheitstheoretische Ansätze zu reinen Geschmacksentscheidungen. Das Prinzip „Freiheit ist immer die Freiheit des Andersdenkenden" (Rosa Luxemburg) hat in der Philosophie ihre pluralistische Großzügigkeit eingebüßt, wenn sie in den Widerspruch mündet, eine gegen die Wozu-Frage nach der Wahrheit immunisierte Philosophie zugleich verbindlich zu erklären für die Beantwortung eben dieser Frage.

Dies soll nicht heißen, daß aus der sprachanalytischen Diskussion des Wahrheitsproblems nichts zu lernen sei. Sie ist, positiv gewendet, einer auf Vorrat arbeitenden Mathematik vergleichbar, die Formalismen entwickelt, sei es aus subjektiver Freude, sei es aus institutionellen Zwängen, ohne sich um deren Brauchbarkeit etwa in Theorien mathematischer Naturwissenschaften zu kümmern. Dann kommt es durchaus vor, daß die zweckfrei entwickelten Spiele zu Instrumenten für die Lösung – lebensweltlicher oder wissenschaftlicher oder philosophischer – Probleme werden.

III. Wahrheit und Wissenschaft

Bis jetzt waren vorrangig Aspekte des Wahrheitsproblems im täglichen Leben und ihr Verhältnis zur akademisch-philosophischen Diskussion betroffen. Die Wissenschaften kamen dabei nur beiläufig ins Spiel, obgleich bereits gelegentlich darauf hingewiesen wurde, daß auch die philosophischen Diskussionen des Wahrheitsproblems im allgemeinen immer wieder Anleihen beim Vorbild der Wissenschaft nehmen – in den heutigen analytischen Wahrheitstheorien meist schon in der verdünnten Form eines Bezugs auf bestimmte Wissenschaftstheorien; ob diese den tatsächlichen Wissenschaften der Wissenschaftler auch angemessen sind, ist dabei noch einmal ein eigenes Problem.

Dabei entspricht es – zumindest in grober Annäherung – einer verbreiteten und in sehr vielen Fällen gut begründbaren Erwartung, daß gerade die *Wissenschaften* das Feld seien, in dem Wahrheiten *entdeckt* oder *produziert* würden. Wer heute in einer Lebenswelt, die nicht nur durch eine moderne technische Zivilisation geprägt ist, sondern auch ihre Welt- und ihre Menschenbilder weitgehend von den (vor allem Natur-)Wissenschaften beeinflußt weiß, wird wohl auf die Frage, was unter Wissenschaft zu verstehen sei, vor allem auf den Anspruch eines bestimmten Geltungstyps verweisen: Wissenschaftliche Ergebnisse sollen allgemeingültig, objektiv, nachprüfbar, erfahrungsgestützt, logisch und ähnliches sein. Mit anderen Worten, den Wissenschaften wird die Rolle zugedacht, *Wahrheiten besonderer Güte* hervorzubringen.

Im Verhältnis zu wissenschaftlichen Wahrheiten empfiehlt es sich, drei Rollen zu unterscheiden, nämlich die des Laien, die des Fachwissenschaftlers und die des Wissenschaftsphilosophen. Gemeint sind dabei tatsächlich Rollen und nicht etwa Personen oder Personengruppen bzw. Berufe, denn je nach Frage und Argumentationszusammenhang kann ein und dieselbe Person im schnellen Wechsel jede dieser Rollen übernehmen: der Fachwissenschaftler als Konsument von Wissenschaft oder bezogen auf eine andere Disziplin die Rolle des Laien; oder wenn er über seine eigene Fachwissenschaft räsoniert, ihre ethischen oder erkenntnistheoretischen Grundlagen bedenkt, die Rolle des Wissenschaftsphilosophen. Die Frage nach dem besonderen Charakter der wissenschaftlichen Wahrheit ist dann – da sie weder mit den Mitteln der jeweiligen Fachwissenschaft selbst zu beantworten ist, auf die sie sich bezieht, noch mit den Mitteln des Laienverstandes aus dem Alltagsleben – selbstverständlich eine wissenschaftsphilosophische. Sie folgt als solche (historisch und methodisch) den Wissenschaften nach. Das heißt, eine Diskussion des Wahrheitsproblems in den Wissenschaften hat die Reihenfolge zu berücksichtigen, daß sich die Wissenschaften nicht nur historisch zufällig, sondern prinzipiell notwendig aus der Lebenswelt heraus entwickelt haben und in ihr – weil ja alle Wissenschaftler weiterhin Menschen sind – verwurzelt bleiben; und daß die so „naturwüchsig" immer wieder entstehenden Wissenschaften je nach eigenen Zweckmäßigkeiten neue Methoden und Kriterien entwickeln, die, zu einer gewissen Reife gebracht, Gegenstand wissenschaftsphilosophischer Überlegungen werden. Oder kurz: Die Frage nach der Wahrheit in den Wissenschaften hätte weder historischen noch systematischen Bezug zu ihrem Gegenstand, wäre sie nicht nachträglich im historischen und systematischen Sinne zu den Wissenschaften, wie sich diese aus der Lebenswelt entwickeln.

Damit zeigt aber die Wissenschaftsphilosophie eine eigentümliche historische Zufälligkeit: Sie kann nicht als außergeschichtlicher, systematischer Gesamtentwurf betrieben werden, der erst als Fundament vorliegen müßte, bevor die Fachwissenschaftler anfangen könnten, ihre Disziplin zu betreiben. Sie ist immer nachträglich, sekundär zu den zu einer gewissen Reife gekommenen Fachwissenschaften – und erhält folglich von der historischen Entwicklung der Wissenschaften Themen und Probleme vorgegeben. Diese historische Kontingenz ist es auch, die wahrheitstheoretische Ergebnisse einer Betrachtung der Wissenschaften weitestgehend bestimmt –

wie nun in einigen Schlaglichtern von den ersten Anfängen abendländischer Wissenschaft bis in die Gegenwart gezeigt werden soll:

1. Die Erfindung von Wissenschaft in der Antike

Ohne begriffliche Vorentscheidung, was unter Wissenschaft verstanden werden soll, läßt sich selbstverständlich auch historisch kein Anfang von Wissenschaft auszeichnen. Wenn dagegen z. B. als eine Minimalforderung an Wissenschaftlichkeit angesehen wird, daß ihre Ergebnisse, etwa im Unterschied zu Glaubenssätzen, keine Autoritätswahrheiten sein dürfen, sondern durch jede an ihnen interessierte Person sollen nachvollzogen werden können, läßt sich ein Anfang der Wissenschaften dort suchen, wo sich historisch die ersten Einfälle und Verfahren zeigen, eine *Nachvollziehbarkeit durch jedermann* zu sichern: nämlich im *personenunabhängigen Argumentieren*.

Prototypisches Beispiel dafür ist der einfache, geometrische Beweis. Wer z. B. – Sokrates nennt dies als Beispiel einer Einsicht, die auch dem (ungebildeten) Sklaven zugänglich ist – ein Quadrat durch Diagonalen in vier rechtwinklige Dreiecke zerlegt, „sieht sofort", daß sich aus zwei dieser Dreiecke, mit den Grundlinien aneinandergelegt, ein Quadrat der halben Fläche bilden läßt, das mit seinen Ecken auf die Mittelpunkte der Seiten des großen Quadrates gelegt werden kann.

Man könnte geradezu die „Erfindung" der Wissenschaften (Wissenschaft = *epistéme*) im Unterschied zur bloßen Meinung *(dóxa)* darin sehen, daß Gründe angegeben werden *(lógon didónai)*. Mit ein wenig Mühe, das Selbstverständlichste zum Gegenstand von nachdenklichen Fragen zu machen, läßt sich erkennen, welcher neue „Typ Wahrheit" damit von den Griechen erfunden wurde: In Konkurrenz zur spontanen Zustimmung etwa zu einem Wahrnehmungsurteil oder auch zur Zustimmung zu einer Autoritäts-Wahrheit, wie sie durch Religion, Sitte oder Gemeinschaft gefordert und verbürgt wird, entsteht nun der Typ *Wahrheit durch Einsicht*, die sich einer *Begründung mit Argumenten* verdankt.

Es verliert sich im Dunkel einer nicht mehr aus Quellen bekannten Zeit, ob die am Beispiel der antiken Geometrie entwickelten Begründungsverfahren gerade in ihrer Personenunabhängigkeit zurückreichen auf Traditionen der Gerichts- und Rechtssprechungspraxis. Jedenfalls wäre dort die Denkfigur der *Gerechtigkeit als Gleichbehandlung von Personen* plausibel zu machen, die sich in der personenunabhängigen Geltung einer Begründungskette von Aussagen eines geometrischen Beweises wiederfindet.

Waren geometrische und mathematische Sätze das Übungs- und Anwendungsfeld einer sich höher entwickelnden Kunst des Argumentierens, so hat Platons Schüler Aristoteles dem Typ der zeitlich unveränderlichen mathematischen Wahrheiten eine *Physik* als Lehre vom zeitlich Veränderlichen gegenübergestellt. („Physik" leitet sich ab von *physiké akróasis* = physikalische Vorlesung, wobei „physikalisch" vom Verbum *phýein* = wachsen, pflanzen stammt und damit eine Vorlesung benennt, in der es um das geht, was sich aus sich selbst bewegt oder verändert.)

Für das Wahrheitsproblem liefert die Physik des Aristoteles – im Unterschied zu einer schon zwischen Platon und Aristoteles kontroversen Auffassung mathematischer Wahrheiten – eine wichtige, zweifache Anregung: Erstens *unterscheidet* er das *von Natur aus* Geschehende oder Vorhandene von dem *durch menschliche Kunst* (griechisch *téchne*, Technik) Hervorgebrachte, und zwar gerade im Hinblick auf Erkenntnisse, also modern, hinsichtlich wahrer Sätze über das Natürliche und das Künstliche.

Das Aufsteigen von Rauch, das Schwimmen von Holz oder das Untergehen eines Steines im Wasser, das Wachsen der Pflanze und die Bewegungen der Tiere sind anders zu erklären als der Bau von Häusern, das Heilen eines Kranken oder das Lenken eines Staates. Natur – unser lateinisches Lehnwort für das, was geboren wird oder von selbst geschieht – ist, zweitens, nach Aristoteles dann erkannt, wenn es auf Prinzipien, auf Anfänge, auf erste Unterscheidungen zurückgeführt ist.

Die Welt des von Natur aus Seienden wird mit Hilfe einer von Aristoteles selbst entwickelten, *syllogistischen Logik* (das heißt einem System von Argumentationsregeln zur Klassifikation alles Seienden nach Gegensätzen und hierarchischen Über-/Unterordnungen) von dem *für uns und dem Anschein nach Bekannteren* auf ein *prinzipiell Bekannteres* zurückgeführt – im wörtlichen Sinne von prinzipiell, nämlich grundlegende oder erste Unterscheidungen betreffend. Aristoteles nähert sich also – nun in moderner Diktion – dem Vorgefundenen, insofern es nicht von Menschen gemacht ist, mit einem *universellen Systematisierungsanspruch*, der durch Prinzipienüberlegungen in Form von Klärungen der verwendeten Grundbegriffe und anzunehmender Grundsätze zu leisten ist. Zwar erben die neuzeitlichen Wissenschaften, wie sie mit der klassischen Mechanik im 17. Jahrhundert bei Galilei und Newton beginnen, von Aristoteles einen Totalitätsanspruch der physikalischen – neuzeitlich: mechanistischen – Erklärung für alles Natürliche, aber *Naturwissenschaft* und ein für sie spezifischer Wahrheitstyp wird neuzeitlich erst einer *experimentierenden Physik* zugeschrieben, wie sie in den Fallversuchen von Galilei historisch ihren Anfang nimmt. Dort ereignet sich eine – prinzipielle – Verschiebung des Begriffspaares Natur/Technik. Denn wo bei Aristoteles das vom Menschen handelnd Veränderte, *das Technische, per definitionem das Naturwidrige* ist, wird bei Galilei und der neuzeitlichen Mechanik *technische Bewirkung als Befolgung und Erfüllung von Naturgesetzen* interpretiert. Eindrucksvollster Beleg hierfür ist die Anwendung der irdischen Mechanik Galileis am Himmel durch Newton, wonach Planetenbewegungen um die Sonne als prinzipiell gleich der Bewegung von Kanonenkugeln im Schwerefeld der Erde interpretiert werden.

Diese historische Einteilung, wonach mit dem Experiment bei Galilei erstmalig die *Wahrheit eines technischen Bewirkungswissens* eine tragende Rolle zu spielen beginnt, ist auf bestimmte Erklärungszwecke bezogen und in anderen Zusammenhängen zu relativieren: So hat z.B. die griechische Antike schon mit Eudoxos von Knidos und wieder mit den astronomischen Theorien von Aristoteles einen Typ Naturwissenschaft entwickelt, der die Bahnen von Sonne und Mond sowie der damals bekannten fünf Planeten vor dem Hintergrundmuster des Fixsternhimmels durch Beobachtungen zugänglich waren, die ihrerseits ein technisches Fundament hatten. Es bedarf nämlich handwerklich-künstlich erzeugter Geräte wie des *Gnomons* über einer *Skaphe* (einer Art von Zeiger über einer in Stein gehauenen hohlen Halbkugel), um – relativ zu einem Liniennetz in dieser Halbkugel – etwa den Lauf der Sonne durch den Weg des Schattens der Zeigerspitze zu einer geometrischen Darstellung zu bringen. Mit anderen Worten, auch die griechische Antike kannte die *gerätegestützte Naturbeobachtung*, ja die Vermessung natürlicher Verhältnisse, und damit den *Wahrheitstyp empirischer, raumzeitlicher Aussagen.*

Die beliebte Betonung der historischen Tatsache, daß dem Experimentator Galilei von der Kirche der Prozeß gemacht wurde, weil er den für die Kirche machtpolitisch wichtigen Aristotelismus überwand, verkennt die schon der Antike verfügbaren, quantitativen raumzeitlichen Erfahrungssätze. Nur eine Dynamik, d.h. eine kausale Erklärung natürlicher oder künstlicher Bewegungen aus quantifizierbaren Kräften gelingt erst der experimentellen Mechanik im 17. Jahrhundert – wobei allerdings auch für dieses Urteil wieder die besondere Aufmerksamkeit der Geschichtsschreiber eine Rolle spielt: Die antiken Techniker und Architekten, die nicht nur über die archimedischen Hebelgesetze praktisch und theoretisch verfügten, sondern auch einfache Maschinen wie Wellrad und Flaschenzug beherrschten, haben aufgrund philosophischer Vorurteile weniger Aufmerksamkeit für antike Experimentierkunst bei der Geistesgeschichtsschreibung gefunden.

2. Wahrheit als technikgestützte Erfahrung

Im 17. Jahrhundert schiebt sich die Physik in den Vordergrund aller Bemühungen um Erkenntnis und Wahrheit, weil es ihr gelingt, Kosmologie mit Technik zu verbinden. Zunächst hatte wohl, weitgehend unberührt von Wissenschaften, Technik eine immer größere Bedeutung für die abendländische Zivilisation, für Wirtschaft und Kriegsführung, für Verkehrswesen und Bautechnik, in der Bergwerkstechnik und der Werkstoffbeherrschung gewonnen. Während sich aber z. B. das damalige chemische oder das biologische und medizinische Wissen einer Behandlung mit den Mitteln der antiken Geometrie entzogen, konnte die *Physik* in der Mechanik bei der technischen Beherrschung von Bewegungen und Kräften genau diejenigen *geometrischen Mittel* nutzen, die schon bei der Herstellung geometrischer Grundgegenstände wie der Zeichenebene, dem Lineal und dem Zirkel die Grundlagen des Messens (auch in der Kosmologie) gelegt haben. Dies unterschied primär und fundamental das Experimentieren der Mechaniker z. B. von den Experimenten der Alchimisten.

So kommt es, daß nicht nur Descartes aus systematischem Zweifel Empfehlungen zur Klarheit und Distinktheit aller Begriffe macht und die Mathematik als Sprache der Erfahrungswissenschaft empfiehlt. Auch Francis Bacon als Propagandist der modernen Erfahrungswissenschaften meint vor allem die experimentelle Physik, wenn er von Erkenntnis und Wahrheit spricht. Die Wissenschaftler selbst, unter ihnen an der Spitze die Mechaniker, orientieren sich wissenschaftstheoretisch am würdigen Vorbild der Geometrie Euklids, einer axiomatischen Theorie – am eindrucksvollsten Newton mit seinen *Principia mathematica philosophiae naturalis* (1687) – und entwickeln die Mathematik weiter in Richtung einer Differential- und Integralrechnung zum Zwecke genauerer Beschreibung und Erklärung von Körperbewegungen unter dem Einfluß von Kraftfeldern.

Dabei reduziert sich der *Wahrheitstyp mathematischer Sätze* selbst in der Praxis auf die logische *Ableitungsrichtigkeit aus Axiomen,* wo sie nicht – weil wie in der Analysis axiomatische Theorien noch fehlen – an der praktischen Brauchbarkeit für den Physiker beurteilt werden. Die mathematischen Wahrheiten werden nur wenig philosophisch reflektiert, sondern in vielfältiger Form als ewige oder göttliche Wahrheiten, ungeachtet des aufklärerischen Impetus der neuzeitlichen Physik, erkenntnistheoretisch vernachlässigt. Hauptaugenmerk gilt vielmehr der *neuen Form der Gewinnung von Wahrheiten durch Messung und Experiment.* Die personenunabhängige Geltung dieses Typs empirischen Wissens, wie sie gern prototypisch am Blick des Dogen auf den Jupiter durch Galileis Fernrohr zitiert wird, tendiert unter theologischen Einflüssen dazu, die erkannten Objekte selbst, genauer ihre einem Schöpfergott geschuldete Naturgesetzlichkeit für den *Grund der Wahrheit empirischer Erkenntnisse* zu halten. Die oben als Einfluß des Kirchenvaters Thomas von Aquin erwähnte Auffassung, Wissen habe Wirklichkeit abzubilden, gewinnt in Beobachtung und Experiment der empirischen Physik ab dem 17. Jahrhundert – neben der Mechanik entwickelt Newton als zweites gewaltiges Werk eine empirische Optik! – eine neue, „empiristische" Interpretation. Wie das Ferne und das Kleine durch Fernrohr und Lupe besser zu sehen sind, so sei das Natürliche, Naturgesetzliche durch Messung und Experiment klarer und deutlicher in Erfahrung zu bringen.

Sogar der große Kant, zunächst der bedeutendste Wissenschaftsphilosoph der Klassischen Physik, der mit seiner Parabel von der Richterrolle des Naturforschers die Konstitutionsleistung des menschlichen Subjekts für jede Naturerkenntnis benennt, verkennt die konstitutive Rolle des technischen, poietischen Handelns der Mechaniker (poietisch von griechisch *poieín* = machen, herstellen, handeln). So gelingt es ihm zwar, der von den Mechanikern verwendeten Geometrie – und der für eine Bewegungslehre erforderlichen Auffassung von Zeit – einen eigenen, nämlich „synthetisch-apriorischen" Charakter zuzuschreiben. Danach sind geometrische Wahrheiten einerseits „synthetisch", also zusammensetzend im selben Sinne, wie die Erfahrung kontingente Kombinationen von Eigenschaften an Dingen und Vorgängen liefert. Aber sie gelten auch als *vor aller Erfahrung liegend,* diese ermöglichend, allgemein und notwendig, kurz, „apriorisch".

Kant verlagert aber diesen synthetisch-apriorischen Charakter der Geometrie nicht in das Fundament der tatsächlichen Forschungspraxis der Mechaniker, nämlich in ihre Meß- und Experimentiertechnik, relativiert sie also als „Protophysik" auf die empirische Physik, sondern er handelt sie ab als Teil einer Vernunftkritik, d.h. einer Theorie des menschlichen Erkenntnisvermögens schlechthin, also auch außerhalb der Forschungspraxis der messenden und experimentierenden Mechaniker. Kant trägt damit selbst die Schuld daran, daß seine Theorie der synthetisch-apriorischen Wahrheit alle unbefriedigt lassen muß, die etwas über den Typ Wahrheit der Geometrie erfahren wollen. Kein Kant-Exeget hätte bis heute eine Antwort bereit, wie denn der synthetisch-apriorische Charakter z. B. des Parallelenaxioms – in moderner Kurzform: zu einer Geraden gibt es durch einen nicht auf ihr liegenden Punkt genau eine Parallele – verstanden und damit die Geltung des Axioms gezeigt werden könnte. Und da, wie die Mathematiker herausgefunden haben, auch die Verneinung dieses Axioms mit dem Rest der anderen geometrischen Axiome logisch widerspruchsfrei verträglich ist, hat Kant als Wissenschaftsphilosoph der Physik Newtons versagt: Es konnte sich (im 19. Jahrhundert) die Auffassung durchsetzen, daß in der Konkurrenz der euklidischen mit den nicht-euklidischen, d.h. mit Verneinungen des Parallelenaxioms formulierten Geometrien nur die Erfahrung entscheiden solle, wie der „wirkliche Raum" in Wahrheit beschaffen sei.

Kant hatte insbesondere der aufblühenden Physik des 19. Jahrhunderts keine wahrheitstheoretischen Ratschläge hinterlassen, als diese mit der Entwicklung und Blüte der Disziplinen der Optik, der Thermodynamik und vor allem der Elektrodynamik in Grundlagenkrisen geriet, die aufs engste mit der *wahrheitstheoretischen Problematik der Geometrie* zusammenhingen: Die Gesetze der Lichtausbreitung und ihre dynamische Erklärung als elektromagnetische Wellen sowie die Bewegung elektrisch geladener Körper in elektrischen Feldern ließen sich nicht in die bis dahin auch theoretisch zu hoher Blüte gebrachte Mechanik integrieren. Der von Kant nur postulierte, nicht (in einer auf mathematische Physik bezogenen Weise) bewiesene Sonderstatus der Geometrie Euklids geriet ins Wanken – und damit die Rolle der theoretischen Philosophie gegenüber den Naturwissenschaften insgesamt. Die Naturwissenschaftler sahen sich, im Wechselspiel von experimentellen Fortschritten und theoretischer Entwicklung, von den philosophischen Erkenntnis- und Wahrheitstheoretikern verlassen und enttäuscht. Die theologische Auszeichnung der Mathematik war im 19. Jahrhundert längst verlorengegangen – von einigen Ausnahmen wie Cantor als dem Vater der Mengenlehre, oder Kronecker als einem der Begründer moderner Infinitesimalmathematik abgesehen –, so daß ein Wirklichkeitsbezug von Mathematik allmählich nur noch als Brauchbarkeit für den rechnenden Laborforscher gesehen wurde.

Am Ende des 19. Jahrhunderts war damit die Situation höchst unübersichtlich geworden: Die Physik war in einer stürmischen und höchst erfolgreichen Entwicklung nicht nur zur Ausbildung neuer Teildisziplinen und zur Beherrschung neuer Phänomenbereiche wie z. B. der Elektrizität gekommen, sondern hatte sich auch weit in andere Disziplinen wie die Physiologie, die Chemie, die Psychologie hinein ausgebreitet. Das *mechanistische Erklärungsprinzip* im engeren Sinne, wie es Descartes noch am reinsten mit seinem Prinzip formuliert hatte, alle Erscheinungen auf Druck und Stoß undurchdringlicher Materie zurückzuführen, und wie es schon von Newton aufgeweicht und auf Fernkräfte erweitert wurde, hatte sich liberalisiert zu einem eher *methodologischen Empirismus*, wonach alles naturwissenschaftsfähig ist, was beobachtet und experimentell reproduziert werden kann.

Die Mathematik als nicht-empirische Grundlagendisziplin hatte ihren Anspruch eingebüßt, Weltstrukturen auszudrükken oder abzubilden. Sie war zum formalen Mittel der Naturwissenschaften geworden und entwickelte daneben ein Eigenleben, für das gerade der Verzicht auf den Anspruch charakteristisch wurde, als mathematisches Wissen zugleich ein Wissen von der Welt zu sein. Vielmehr gewannen *mathematische*

Wahrheiten den Charakter eines formalen oder Struktur-wissens, das relativ blieb auf Axiome oder Grundsätze, die ih-rerseits ebenfalls nicht als empirisch oder abbildtheoretisch durch die Natur und ihre Gesetze ausgezeichnet galten. Sa-lopp gesagt war der Zustand am Ende des 19. Jahrhunderts der, daß ein Minimalkonsens aller Naturwissenschaftler war: In den Theorien dürfen keine logischen oder mathematischen Fehler enthalten sein; der ganze Rest des Wissens beruht auf einer durch Beobachtungs-, Meß- und Experimentiergerät ge-stützten Sinneserfahrung. Diese leiste, durch die Laborkünste des Messens und Experimentierens von den Zufälligkeiten des menschlichen Beobachters unabhängig und in diesem Sinne objektiv gemacht, eine Erkenntnis der Welt, wie diese von Natur aus in Wahrheit sei.

Diese Auffassung, zusammen mit der Tatsache, daß die ma-thematisch immer anspruchsvoller und von der Reichweite her größer werdenden, komplexeren Theorien in Grundlagen-probleme gerieten, bildeten den Hintergrund für die *Entste-hung der modernen Wissenschaftstheorie* im 20. Jahrhundert. In ihr kondensieren und strukturieren sich philosophisch die wahrheitstheoretischen Überlegungen, wie sie kontingent der Wissenschaftsgeschichte vor allem der Mathematik und der Naturwissenschaften gefolgt waren, auf wenige, in dieser Klarheit und Radikalität *neue wahrheitstheoretische Lehr-meinungen*.

Die moderne Wissenschaftstheorie machte mit der still-schweigenden Prämisse, jedes verläßliche und damit wahre Wissen sei letztlich ohnehin nur als wissenschaftliches Wissen möglich, den traditionellen Erkenntnis- und Wahrheits-theorien das Feld streitig. Sie buchstabierte zugleich das Selbstverständnis der in die Grundlagenkrisen geratenen ma-thematischen Naturwissenschaften aus und popularisierte Wissenschaftsverständnisse – so sehr, daß die Frage, was Wissenschaft sei, am Ende sogar von den Wissenschaftlern selbst nur noch in der Weise und dem Umfang beantwortet werden konnte, als diese sich Kenntnisse in Wissenschafts-theorie angeeignet hatten. Zugespitzt gesagt: Das Wahrheitsproblem war den Wissenschaften, vor allem den mathematischen Naturwissenschaften überantwortet worden, die ihrerseits der wissenschaftstheoretischen Analyse und Explikation bedurften, um die faktisch erreichte wissenschaftliche Wahrheit philosophisch zu beschreiben. *Wahrheitstheorie war Wissenschaftstheorie geworden.*

3. Logik und Erfahrung in der Wissenschaftstheorie

Philosophen, die am *linguistic turn* der Philosophie beteiligt waren, haben diese Richtung mit ihrer Schwerpunktbildung in der Wissenschaftstheorie kurz als „Hume plus Logik" bezeichnet. Mit „Hume" ist dabei der Empirismus David Humes gemeint, der in der Wissenschaftstheorie des 20. Jahrhunderts einerseits durch die Fortschritte und Revolutionen der Naturwissenschaften, andererseits dank einer nach-kantischen, empiristischen Philosophie im 19. Jahrhundert (Dubois-Reymond, v. Helmholtz, Mach und andere) modifiziert zu denken ist. Unter „Logik" ist die moderne Aussagen- und Prädikatenlogik in der Tradition von G. Frege, L. Wittgenstein und B. Russell verstanden, die sich nicht nur mit der Bildung komplexer Aussagen aus Elementarsätzen befaßt hat, sondern allgemein mit neuen Mitteln den alten Gegenstand der Logik als Lehre vom Begriff, vom Urteil und vom Schluß übernahm.

Der wirkungsgeschichtlich und von seinen systematischen Leistungen her wohl wichtigste Ansatz in der ersten Hälfte des 20. Jahrhunderts ist der zunächst *Logischer Positivismus* genannte Versuch, Erkenntnis zu begreifen als Produkt aus Erfahrung (dem positiv Gegebenen, etwa bei Mach den Empfindungen) und Logik, d. h. der begrifflichen, sprachlichen, theoretischen Organisation der Erfahrungsinhalte. Später hat sich dafür – treffender – als Positionsbezeichnung *Logischer Empirismus* durchgesetzt, die das Programm dieser Philosophie in kürzestmöglicher Form charakterisiert: Erkenntnisse, die *nur in Form sprachlicher Aussagen* Gegenstand philosophischer Erörterung werden können, *sind nur aufgrund von*

Logik und Erfahrung möglich. Herausragende Prototypen einer erfolgreichen Durchführung dieses Programms sind Mathematik und Physik bzw. die Naturwissenschaften. Die Philosophie der Erkenntnis distanziert sich in dieser Tradition von der herkömmlichen Erkenntnistheorie, die als nicht-empirische Wirklichkeitswissenschaft interpretiert wird und unter Metaphysik-Verdacht gerät. Das Metaphysik-Verdikt trifft alle Aussagen, die als nicht intersubjektiv überprüfbar gelten, weil die oder einige in ihnen vorkommenden Wörter in ihrer Bedeutung keinen Wirklichkeitsbezug aufweisen. Wirklichkeitsbezug heißt dabei, daß alle – nicht der Logik und der Mathematik zugehörenden – Wörter, die nicht als „theoretische Terme", d.h. durch ihr Auftreten in Theorien einer empirischen Naturwissenschaft auf andere Wörter mit Wirklichkeitsbezug zurückführbar sind, einen unmittelbaren Bezug zum sinnlich Aufweisbaren haben müssen.

Für dieses Programm sind zwei Argumentationsrichtungen wichtig geworden, eine nach außen und eine nach innen: Nach außen ging es um eine *Abgrenzung der Wissenschaft von metaphysischen Scheinproblemen.* Darunter wurde nicht nur, wie erwähnt, die traditionelle Erkenntnistheorie verstanden, so daß etwa ein Streit um die Frage, ob es unabhängig von menschlicher Erkenntnistätigkeit eine Wirklichkeit gäbe (Realismus), oder ob alle menschliche Erkenntnis nur subjektiver Schein sei (Phänomenalismus, Solipsismus), ebenso unter Metaphysik-Verdacht gerieten wie alle Existenzphilosophien, die Ethik, und, als Sonderfall, die für die Geschichte der Wissenschaftsphilosophie höchst wirksam gewordene Auffassung Kants vom synthetischen Apriori. Kant, der dem Humeschen Empirismus seine Transzendentalphilosophie von den *Bedingungen der Möglichkeit der Erfahrung* entgegengesetzt und die konstitutive Rolle des erkennenden Menschen auch für eine Erkenntnis von Naturgesetzen durch Naturwissenschaften zum Zentrum seiner Philosophie gemacht hat, war für die Logischen Empiristen mit ihrer These, alle Wahrheit sei entweder logisch oder empirisch, das Hauptangriffsziel.

Nach innen betrieb der Logische Empirismus eine „logische Analyse" von Mathematik und Naturwissenschaften, vor allem beschränkt auf die Theorien der mathematischen Physik. Im historischen Rückblick (und mit der gebotenen Vereinfachung) erscheint die von zahlreichen Philosophen und philosophierenden Fachwissenschaftlern vorangetriebene Entwicklung heute als Rückzugsgefecht von dem ursprünglichen, anspruchsvollen Programm, alle Erkenntnis als auf Logik und Erfahrung beruhend zu rekonstruieren. So hat das „empiristische Sinnkriterium", wonach eine (nicht schon „analytisch", d.h. aufgrund von Logik gültige) Aussage sinnvoll ist, wenn sie empirisch überprüfbar – und zu diesem Zweck in einer geeigneten Kunstsprache formuliert – ist, zu der Einsicht genötigt, daß die vermeintlich trennscharfe Unterscheidung von Physik und Metaphysik am Wirklichkeitsbezug der jeweiligen Sprache nicht möglich ist. Die Verknüpfung einer *Theoriesprache*, genauer z.B. theoretischer Ausdrücke wie „Masse" oder „Kraft" in der Mechanik, mit *Beobachtungssprache*, d.h. mit den Wörtern zur Beschreibung der unmittelbaren Beobachtung des Laborphysikers, erwies sich nicht als angebbar in expliziten Definitionsketten, die von der Erfahrung in die Theorie führen.

Theoretische Ausdrücke in den historisch vorfindlichen Theorien etwa der Geometrie und der Klassischen Mechanik galten statt dessen als höchstens „implizit definiert" (D. Hilbert), d.h. durch Beziehungen zu anderen (undefinierten) Grundbegriffen etwa in einer axiomatischen Theorie in ihrem Gebrauch eingeengt. Die Hoffnung, daß eine logische Syntax, d.h. eine Lehre der logischen Zusammensetzung von Sätzen und Satzsystemen die semantischen, d.h. die Bedeutungsprobleme sprachlicher Ausdrücke lösen könnten, zerschlugen sich. Am Ende dieser Tradition steht als letzte Rückzugsposition die strukturalistische Wissenschaftstheorie, die naturwissenschaftliche Theorien nur noch als *Strukturen oder Satzformen ohne Behauptungscharakter (Non-Statement-View)* auffaßte und sie in der Anwendung etwa auf konkrete Experimente als nur noch partiell interpretierbar faßte – eine Charakterisierung, die, hätte man dieselbe Mühe auf traditionelle Theorien der Metaphysik verwendet, auch diese mühelos erfüllen würde. Kurz, die Abgrenzung von Wissenschaft und Metaphysik, die nicht nur als Motiv, sondern auch als expliziter Inhalt in der Tradition des Logischen Empirismus stets gegenwärtig war, ist *de facto* mißlungen. *Wahrheitstheorie hatte sich als Wissenschaftstheorie aufgelöst.*

Neben dem logisch-semantischen Aspekt ist auch der andere Programmpunkt des Logischen Empirismus *de facto* mißlungen, nämlich die Erfahrung als Grundlage naturwissenschaftlicher Wahrheit anzunehmen. Schon innerhalb der Tradition standen sich *Induktivisten* (Rudolf Carnap, Hans Reichenbach) und *Deduktivisten* (Karl Popper) gegenüber: Während die ersteren versuchten, Logiken zu entwickeln, die von singulären Resultaten einzelner Beobachtungen und Experimente auf die universellen Theorien mit ihren gesetzesartigen Aussagen zu schließen erlauben sollten, hat Popper diese Auffassung mangels Begründbarkeit von Induktionsprinzipien von Anfang an verworfen und eine deduktivistische Auffassung entwickelt, die dem Selbstverständnis der Naturwissenschaften sehr nahe kam und deshalb nicht nur in diesen, sondern auch als Transportmittel für das Vorbild der Physik in die empirischen Sozialwissenschaften hinein bis heute wirksam geblieben ist. Nach Popper verdienen Theorien das Prädikat wissenschaftlich, wenn sie „falsifizierbar" sind, d. h. (prinzipiell) an Erfahrung scheitern können. Diese von Popper *Kritischer Rationalismus* getaufte Position, in Deutschland am prominentesten vertreten von Hans Albert, läuft darauf hinaus, daß für alle Aussagen, ja sogar Normen eine *Verifikation oder vollständige Begründung prinzipiell unmöglich sei;* nur eine „kritisch rationale" Prüfung an Gegenbeispielen oder Gegengründen sei möglich.

Dieser kleine, viele Themen, Exponenten und Teilrichtungen der logisch-empiristischen und kritisch-rationalistischen Wissenschaftstheorie außer acht lassende Überblick mag zumindest zeigen, in welchem Sinne diese neue Wissenschaftstheorie eine „Wahrheitstheorie" gewesen ist: Alle Erkenntnis,

die diesen Namen verdient, muß sich intersubjektiven Prüf-
verfahren unterwerfen, wie sie in größter Vollendung von den
Wissenschaften entwickelt worden seien. Dabei kämen am
Ende *nur zwei Typen von Wahrheiten* als tragfähig in Betracht: die aufgrund von begrifflichen und logischen Setzun-
gen und Regeln, und die aufgrund von Erfahrungen.

Die Wirkungsgeschichte dieser Richtung ist überwältigend.
Sie zeigt sich daran, daß praktisch alle Mathematiker und
praktisch alle Naturwissenschaftler sich in dieser Philosophie
(in der einen oder anderen Spielart) wiederfinden: Dem Mathematiker genügt als Wahrheit am Ende die Widerspruchsfrei-
heit seiner Satzsysteme und die Ableitungsrichtigkeit seiner
Sätze aus anderen Sätzen; dem Naturwissenschaftler der empirische Ausweis seiner Resultate. Die Kulturwissenschaften haben sich in zwei große Blöcke gespalten, und zwar in histo-
risch-hermeneutische Disziplinen, denen bewußt ist, daß sie
die Anforderungen an Logik und Empirie nach dem Vorbild
der Naturwissenschaften nicht erfüllen können, und in die
empirischen Sozialwissenschaften und die formalistischen
Sprachwissenschaften, die die neue Doktrin adaptieren. Auch
die Philosophie ist gespalten; die Mehrzahl der Philosophen
ist, wieder in die Lager der Hermeneutiker und der Posi-
tivisten getrennt, zu *Philosophiehistorikern* geworden, und die
systematisch Philosophierenden, die nicht in naturwissen-
schaftsfernen Gebieten wie Ethik, Politik, Geschichts- und
Staatsphilosophie arbeiten, haben sich mehrheitlich einer af-
firmativen *Wissenschaftsanalyse* verschrieben. Sie formulieren
zu den jeweils neuesten Wissenschaftsentwicklungen, von der
relativistischen und der Quantenphysik über Evolutions-
biologie zu Molekularbiologie, Neurobiologie, Chaostheorie
und anderen, jeweils parallel eine Art von Über- oder Unter-
bau. Schließlich sind sogar diejenigen philosophischen Bemühungen, die sich mit den menschlichen Kulturleistungen befassen – zentral immer noch die Sprachphilosophie, neuerdings
mit neuem Gewicht aber auch die Ethik –, in der Mehrheit
ihrer Vertreter in den Sog dieser Philosophien geraten, wie vor
allem ein Studium heutiger Wahrheits- und Bedeutungstheo-

rien mit all ihren Spielarten einer Philosophie der normalen Sprache, der Sprechakttheorie, der Wissenschaftssprachtheorie und anderen zeigen.

Diese erfolgreiche Wirkungsgeschichte verdankt sich einerseits Umständen, wonach eine den erfolgreichen Naturwissenschaften zustimmende Philosophie gleichsam deren Erfolg teilen darf und damit das Explikationsprivileg für die Naturwissenschaften gegenüber dem gebildeten Laien erhält. Sie verdankt sich weiter dem Umstand, daß Naturwissenschaftskritik auch von philosophischer Seite prominent mit Gesellschaftsutopien verknüpft war, die politisch und historisch nicht mehrheitsfähig werden konnten. Sie verdankt sich wohl auch Umständen einer englischsprachigen Dominanz des Empirismus seit Humes Zeiten, die nahtlos übergegangen ist in die an die englische Sprache gebundene Dominanz der analytisch-empiristischen Philosophie. Und sie verdankt sich schließlich dem Umstand, daß sie ihr Ende auch selbst noch vollzogen hat in den Spielarten des *Relativismus*, wie sie – für die Logik – in der Philosophie W. v. O. Quines, und in den Kritiken des Logischen Empirismus und des Kritischen Rationalismus durch Th. S. Kuhn und P. Feyerabend formuliert wurden.

Hier sollen nur die *wahrheitstheoretischen Konsequenzen* interessieren, die sich aus der Beschränkung auf Logik und Empirie als Geltungsgründe ergeben:

– Das Programm, alle nicht-empirischen Wahrheiten als (im weiteren Sinne) logische zu begreifen, also die gesamte Mathematik zu „logifizieren", ist auf unüberwindliche Schwierigkeiten gestoßen. Schon die Entdeckung der ersten mengentheoretischen Antinomien durch B. Russell oder eine fehlende Begründung mathematischer Beweisprinzipien wie des sogenannten Induktionsprinzips, am Ende aber die Einsichten in die *Begrenztheit logischer Beweismittel*, die sich aus den Sätzen von Kurt Gödel in der Metamathematik ergaben, haben gezeigt, daß noch nicht einmal die Arithmetik insgesamt auf Logik zurückführbar ist und umgekehrt die „Arithmetisierung" der Logik nicht gelungen ist.

– Das Programm, die Sinnhaftigkeit naturwissenschaftlicher Aussagen durch empirische Kontrollierbarkeit zu definieren, ist erfolglos geblieben, weil Naturwissenschaften als reduziert betrachtet wurden auf ihre Resultate in Form von Theorien, also *sprachlichen* Gegenständen. Diese Reduktion übersieht zwei grundlegende Aspekte: Zum einen gäbe es keine Naturwissenschaften, wenn Menschen nicht auch *sprachfrei* handwerklich und technisch die Gegenstände hervorbrächten, über die in den Laborwissenschaften geforscht wird – ein *poietisches Defizit* dieser Wissenschaftstheorie also. Zum anderen gäbe es keine Naturwissenschaft, wenn sich die Forscher nicht an bestimmte Vorschriften und Normen hielten, die von der definitorischen Festlegung ihrer Terminologie bis zu den Funktionskriterien ihrer Instrumente und Experimentiervorrichtungen reichen – ein *normatives Defizit* der Wissenschaftstheorie also.

Wer also die empirische Wahrheit von Aussagen, die Resultate naturwissenschaftlicher Forschung sind, begreifen will, muß deren „Bedingtheit" einerseits durch die künstliche Erzeugung von Phänomenen durch Naturwissenschaftler in Rechnung stellen und andererseits deren Relativiertheit auf die von den Wissenschaftlern *de facto* befolgten Normen, Vorschriften, Spielregeln berücksichtigen. An ihnen wird nämlich tatsächlich entschieden, ob sich im Experiment technischer Erfolg einstellt und ob in diesem Sinne eine neue Erfahrungserkenntnis, relativ zu den technischen Herstellungszielen der Experimentatoren, gewonnen wurde.

– Letztlich ist die logisch-empiristische und die kritisch-rationalistische Tradition nicht erfolgreich gewesen, weil sie nicht nur ein poietisches und ein normatives Defizit hatten, die beide als Teile eines *pragmatischen Defizits* anzusehen sind, also der Vernachlässigung des Aspektes, daß Wissenschaft immer durch Handeln von Menschen zustande kommt; diese Tradition hat auch ein *kulturalistisches Defizit*. Wo zunächst der Sache nach völlig geschichts- und kulturunabhängige Geltungsansprüche – Wahrheit durch Logik oder Erfahrung oder kritische Prüfung – angestrebt, wegen ihrer einsehbaren Unmöglichkeit dann die Relativierung auf die historisch tatsächliche Zustimmung durch Personengruppen angenommen wurde, wird kein vernünftiger Mittelweg zwischen einer kulturunabhängigen und einer beliebig relativen Form der Wahrheit gesehen: nämlich die Orientierung an der Frage, wozu wir Wahrheit in den Wissenschaften wie im täglichen Leben unter unseren jeweiligen kulturellen, historisch gewachsenen Lebensumständen überhaupt benötigen. Dort ist eine bereits erreichte Kulturhöhe nicht mehr beliebig disponibel und steht gleichsam zwischen zeitlos absolut und zeitabhängig relativ.

Deshalb soll im folgenden eine Alternative zu den Extrempositionen skizziert werden, wonach die Wissenschaften entweder *Wahrheiten „sub specie aeternitatis"* produzieren oder nur zu *beliebig relativen Ergebnissen* gelangen.

4. Wissenschaftliche Wahrheit als Handlungserfolg

Wissenschaft wird von Laien wie von Fachwissenschaftlern in wenigstens zwei Wortbedeutungen verwendet; einmal im institutionellen Sinne – Wissenschaft als Beruf, als staatliches Ressort, als Wissenschaftsbetrieb – und einmal in einem wahrheitstheoretisch einschlägigen Sinne: Wissenschaft als Form eines Wissens mit besonderem Anspruch auf Überprüfbarkeit, Allgemeinheit, Personen- bzw. Interessenunabhängigkeit usw. Dabei müssen der institutionelle und der Geltungsaspekt nicht voneinander unabhängig sein, etwa, wenn einerseits institutionelle Formen von Forschung und Lehre dem Ziel dienen, ein wissenschaftlich ausgezeichnetes Wissen zu produzieren, zum anderen, wenn die Wertschätzung für Verläßlichkeit und Nützlichkeit wissenschaftlichen Wissens etwa zu institutioneller Förderung der Forschung durch den Staat oder die Industrie wird.

In jedem Falle ist aber bei einer Rede von Wissenschaft eine Abgrenzungsaufgabe dergestalt zu lösen, daß nicht bloß beschreibendes Reden – Wissenschaft sei, was Wissenschaftler treiben, und Wissenschaftler seien Leute, die sich so nennen –

unterstellt, die Grenzziehung zwischen Wissenschaft und Nicht-Wissenschaft sei durch historisch vorgefundene institutionelle Formen gelungen. Denn nach diesem Kriterium bräuchte sich ja nur z. B. eine Sekte „wissenschaftlich" zu nennen. Außerdem widerspräche es wohl einem üblichen Vorverständnis von der Qualität wissenschaftlich geprüften Wissens, wenn dieses allein dadurch ausgezeichnet sein sollte, daß es von Leuten stammt, die sich selbst mit dem Prädikat „Wissenschaftler" zieren. Mit anderen Worten: An einer ausdrücklichen *Bestimmung der Wissenschaftlichkeit* führt keine Bezugnahme vorbei – wie es für rund 2000 Jahre Philosophie selbstverständlich war, aber in empiristischen Formen der Wissenschaftssoziologie, Wissenschaftstheorie und Wissenschaftsgeschichtsschreibung unseres Jahrhunderts häufig verlorengegangen ist.

Ein unbestrittener Ansatzpunkt für die Bestimmung wissenschaftlicher Wahrheit ist der Umstand, daß alle Wissenschaften durch Handeln von Menschen in die Welt kommen. Welche Handlungsweisen – mit einem aus dem Griechischen entlehnten Wort: Methoden – zeichnen aber den wissenschaftlichen Weg aus, zu Erkenntnissen zu gelangen? Schließlich will man nicht sogleich dogmatisch für die nicht-wissenschaftlichen Bereiche des privaten und öffentlichen Lebens bestreiten, daß auch dort verläßliche Erkenntnisse und prüfbare Wahrheiten gefunden werden und eine wichtige Rolle spielen.

Die Klärung der Wissenschaftlichkeit von Methoden ist eine Aufgabe der *Wissenschaftstheorie*, die historisch wie systematisch – wie oben bereits gesagt – den historisch vorfindlichen Wissenschaften nachfolgt. Allerdings ist Wissenschaftstheorie selbst historisch in den verschiedenen Formen einerseits des *bloßen Beschreibens und Analysierens vorfindlicher Wissenschaften* (wie im Prototyp des Logischen Empirismus) entstanden und hat in dieser Form eine affirmative, die Wissenschaften bestätigende Rolle übernommen; und andererseits ist Wissenschaftstheorie in der Tradition philosophischer Vernunftkritik als eine *Wissenschaftskritik* entwickelt worden, die sich jeder dogmatischen Vorentscheidung enthält, ob die heute von Wissenschaftlern angebotenen Resultate wahr oder falsch, rational oder irrational, nützlich oder schädlich sind. Vielmehr versucht sie, wie das Wort Kritik (vom griechischen *krínein* = unterscheiden, beurteilen) besagt, im Blick auf die historisch vorfindlichen Wissenschaften ein Urteil, worin *de facto* ihr Anspruch auf die Wissenschaftlichkeit ihrer Resultate besteht, ob dieser Anspruch eingelöst wird, ob er zu verändern, etwa zu erweitern oder einzuschränken sei usw.

Orientierungspunkt für diese Bemühung kann sein, daß Wissenschaftler selbst Ansprüche auf Geltung ihrer Resultate erheben – und sich dabei übrigens einer philosophischen Terminologie bedienen, wenn sie z. B. von Objektivität, Intersubjektivität oder Transsubjektivität ihrer Resultate sprechen, wenn sie behaupten, Naturgesetze zu finden, Naturgeschehen zu erklären, Naturereignisse vorauszusagen, Technik zu ermöglichen, oder Forschungsziele mit Mitteln zu erreichen, wie sie, im Unterschied zu den Naturwissenschaften, etwa in den Kulturwissenschaften verfolgt bzw. ergriffen werden.

Verfällt man nicht dem *Dogmatismus* einer Wissenschaftstheorie, die Wissenschaften auf die *Sprachform ihrer Theorien* reduziert oder, in Relativierung wissenschaftlicher Wahrheit, sie nur noch als *soziales Phänomen* begreift, so ist es hilfreich, außer dem erwähnten Aspekt ihrer handelnden Hervorbringung durch Menschen zu berücksichtigen, daß Wissenschaften in mancher Hinsicht einen „Sitz im Leben" haben: Bei allen Einflüssen der Wissenschaften auf das tägliche Leben der Gesellschaften am Ende des 20. Jahrhunderts gibt es, für jedes individuelle Leben von besonderer Wichtigkeit, das nicht- und außerwissenschaftliche Alltagsleben. Dieses findet nicht nur in verschiedenen Formen von Gemeinschaften statt, sondern liefert auch die Grundlage für das Treiben von Wissenschaft als Handeln insofern, als jeder Mensch sein persönliches Leben bewältigen muß, um Wissenschaftler werden und sein zu können. Das heißt, er bringt eine lebensweltliche Handlungs- und Sprachfähigkeit mit – und dabei selbstverständlich eine lebensweltliche Erkenntnisfähigkeit –, wenn er die (lebenslange) Ausbildung zum Forscher oder wissenschaftlichen Lehrer durchläuft. Lebensweltliche Vermögen des Menschen sind ein unverzichtbares Fundament für das Erreichen wissenschaftlicher Wahrheit.

Die Welt des alltäglichen Lebens ist aber auch insofern „Sitz der Wissenschaften im Leben", als von dort, in Wechselwirkung zum wissenschaftlich bereits Machbaren, Bedürfnisse und Zwecke kommen, deren Erfüllung die Wissenschaften zu leisten haben. Kurz, die Lebenswelt ist Grundlage und Ziel der Wissenschaften, auch wenn im Forschungs- und Lehrbetrieb dieser Aspekt tatsächlich weitgehend ausgeklammert bleibt und Forschungsaufgaben als wissenschaftsimmanente Fragestellungen für den einzelnen Wissenschaftler viel eher leitend sind als die – jedenfalls in vielen Disziplinen eher – forschungsfernen Anwendungen im öffentlichen Leben.

Es ist ebenso selbstverständlich wie häufig übersehen, daß Wissenschaften sich historisch aus Lebenswelten entwickelt haben, in denen es sie noch nicht gegeben hat. Gegeben hat es jedoch – praktisch zu jeder Einzelwissenschaft – bestimmte vor- und außerwissenschaftliche Praxen, aus denen sie sich herausspezialisiert haben – wie die Arithmetik aus der Rechenkunst der Kauf- und Seeleute, die Chemie aus den Künsten der Gerber und Färber, Metallscheider und Heilkundigen, die physikalische Mechanik aus der Ingenieurskunst und diese aus dem Handwerk, die Biologie aus den Künsten des Züchtens und Nützens von Tieren und Pflanzen und wieder der Heilkunst, usw. Das heißt, Wissenschaften sind Hochstilisierungen lebensweltlicher Praxen, und zwar in dem Sinne, daß die einer praktischen Bewährungsgeschichte unterworfenen, vor- und außerwissenschaftlichen Künste zu wissenschaftlichen Methoden entwickelt werden. Der Unterschied von lebensweltlichen Künsten und wissenschaftlichen Methoden liegt dabei in der Diskursfähigkeit der letzteren, d.h. in einem argumentativ expliziten Ausweis ihrer Leistungsfähigkeit für bestimmte Zwecke. Dies läßt sich leicht z.B. an der für die Naturwissenschaften unverzichtbaren Meßkunst erläutern.

Wo Handwerker, wie Schreiner, Schneider, Feinmechaniker, Straßenbauer, Seeleute usw., eine je für ihre eigenen Zwecke bewährte Meßkunst von Längen entwickeln, bedürfen Wissenschaften eines universellen Längenbegriffs, der sich von der Mikrophysik bis zur Kosmologie einheitlich verwenden läßt – obgleich selbstverständlich die Verschiedenheit der Meßkünste für verschiedene Größenbereiche erhalten bleibt. Weil mit wissenschaftlichen Meßresultaten (Maßzahlen) im Bereich der Theorien gerechnet wird, müssen diese Resultate logische und mathematische Eigenschaften haben, die den Rechenoperationen mit den Maßzahlen genügen. Diese Entsprechung von Eigenschaften der Meßoperation und der Maßzahlen wird durch Theorien erreicht, die die technisch herbeizuführenden und bei tatsächlicher Messung aufrechtzuerhaltenden Meßgeräteeigenschaften vorschreiben – Vorschriften selbstverständlich an die Konstrukteure, Hersteller und Verwender von Meßgeräten mit dem Zweck, die erwünschten logisch-mathematischen Eigenschaften der Meßresultate sicherzustellen. (Man vergleiche etwa die Symmetrie der Gewichtsgleichheit bei der Balkenwaage mit der Symmetrie der arithmetischen Gleichheit „=" für Maßzahlen von Gewichten.)

Diskursfähig sind wissenschaftliche Meßmethoden dann in dem Sinne, daß die Theorien der Meßgeräte und Meßprozeduren genau diese gewünschten Eigenschaften der Meßresultate sicherstellen. Kurz, wo der einzelne Handwerker sich zu Recht damit begnügt, daß ihm seine Meßkunst erlaubt, den Anzug oder die Schublade passend herzustellen, ist für die wissenschaftliche Meßkunst durch eine (normative) Theorie der Meßgeräte und -methoden sicherzustellen, daß auch das einzelne Meßresultat allen wissenschaftlichen Anforderungen an Allgemeingeltung genügt. Erst dann ist es sinnvoll, diese als „Daten" für die Bildung und Prüfung von Theorien zu verwenden.

Messen als Handeln führt zu einer spezifisch wissenschaftlichen *Wahrheit von Meßresultaten* also dadurch, daß personenunabhängig befolgbare Rezepte für die Reproduktion der gewünschten Meßgeräteeigenschaften formuliert und technisch realisiert werden. Das heißt, daß auch das individuelle Meßresultat, das ja der Absicht nach eine Information über den vermessenen Gegenstand (und z. B. nicht über eine Fehlfunktion des Meßgeräts) liefern soll, einen *Anspruch auf Allgemeingültigkeit* erfüllt – eben z. B. im erwähnten Sinne, daß es weder auf die individuelle Person noch auf das individuelle, verwendete Meßgerät ankommt, um einen bestimmten Meßwert zu erhalten. Damit mag die Hochstilisierung der Wissenschaften aus der Lebenswelt an einem Beispiel erläutert sein.

Zurückblickend auf die Erläuterung der Wahrheitstypen von Logik und Erfahrung im Logischen Empirismus ergibt sich daraus, daß diese Beschränkung bereits durchbrochen ist: Wie schon der Laie, der Handwerker und der Techniker selbstverständlich unterscheiden, ob ihre Meßgeräte wunschgemäß funktionieren oder defekt sind – etwa eine Uhr, eine Waage, ein Thermometer usw. –, so sind auch die Erfahrungswissenschaften generell darauf angewiesen, daß ihre Meßgeräte und darüber hinaus alle ihre Apparaturen etwa in der Laborforschung, aber auch in der Naturbeobachtung „funktionieren" und nicht etwa gestört sind. *De facto* gehört es zur Kompetenz eines jeden Naturwissenschaftlers, dies zu entscheiden, weil es gerade den Unterschied zwischen einer Erkenntnis über den beobachteten, vermessenen oder experimentell untersuchten Gegenstand zu einer unbrauchbaren Information über die Störung der eigenen Apparatur ausmacht. (Die Naturwissenschaftler reden hier, philosophisch etwas irreführend, von „Artefakten", als würde sich bei der Störung der Apparaturen nicht Natur selbst, sondern etwas künstlich Gemachtes zeigen; philosophisch irreführend, weil selbstverständlich gerade die ungestörten Apparaturen nur etwas künstlich Gemachtes, nämlich technisch Produziertes sind.)

Das heißt aber, daß z. B. schon jedes Meßresultat die logische Struktur eines Wenn-dann-Satzes hat, bei dem im Wenn-Teil die Bedingungen des ungestörten Funktionierens der verwendeten Geräte festgestellt werden, und im Dann-Teil das

Meßergebnis. Dieser Wenn-Teil aber kann weder bloß auf Logik beruhen, denn er betrifft einen tatsächlichen Sachverhalt an realen Dingen, noch kann er ausschließlich empirisch sein, da ja dann die Ungestörtheit der Geräte wieder mit Geräten empirisch kontrolliert werden müßte und diese ihrerseits die Frage nach ihrer Ungestörtheit aufwerfen. Empirie allein unterscheidet eben nicht das gestörte vom ungestörten Gerät, weil auch das defekte Gerät, übrigens auch dem Verständnis der Naturwissenschaftler nach, selbstverständlich nicht aus dem Geltungsbereich naturwissenschaftlicher Gesetze herausfällt. Vielmehr werden Störungen mit diesen Gesetzen kausal erklärt, damit das Gerät repariert, die Störung behoben werden kann.

Der Typus Wahrheit eines Meßresultats ist also ein Typ der bedingten Wahrheit, wo die Bedingungen nach Regeln vom Wissenschaftler und Techniker selbst erst sichergestellt werden müssen, dieses Sicherstellen aber das *Erfüllen von Zwecken der transsubjektiven Meßkunst durch technische Mittel* ist. Mit anderen Worten, die vermeintlich empirische Datenbasis der Naturwissenschaften ist generell abhängig von der Zustimmung zu denjenigen Normen, nach denen die verwendeten Apparaturen erfunden, hergestellt und betrieben werden. Das Dogma der Beschränkung auf Logik und Empirie ist damit gefallen.

Doch auch für die *Erfahrung* selbst als Quelle von wahrer Erkenntnis und als tragende Säule der empirischen Naturwissenschaften ist in der empiristischen Tradition von Hume bis Popper und darüber hinaus übersehen worden, daß sie weder bedingungslos noch voraussetzungsfrei gleichsam als Produkt letztlich der funktionierenden Sinneswahrnehmung des Naturwissenschaftlers zustande kommt. Wählt man wegen seiner überragenden Bedeutung exemplarisch das *Experiment als Methode des naturwissenschaftlichen Erfahrungsgewinns,* so zeigt sich für ausnahmslos alle Verfahren, daß sie auf dem Gelingen einer handwerklich-technischen Herstellung des experimentellen Arrangements durch den Wissenschaftler oder Labortechniker beruhen. Von Experimenten kann überhaupt nur dort die Rede sein, wo Menschen technisch handelnd etwas veranstalten. Andererseits muß durch diese Veranstaltungen ein Vorgang ausgelöst werden, der selbst keine menschliche Handlung mehr ist, denn man würde z. B. nicht die Konstruktion eines gleichseitigen Dreiecks mit Zirkel und Lineal als Experiment bezeichnen, bei dem sich als Resultat ein gleichseitiges Dreieck ergibt. Vielmehr sind Experimente vergleichbar dem Schießen auf eine Zielscheibe mit einem Gewehr oder mit Pfeil und Bogen: Der Flug des Geschosses wird durch Bereitstellung und Starten einer Apparatur (Gewehr, Pfeil und Bogen) bestimmt; das Treffen oder Verfehlen des Ziels jedoch widerfährt dem Schützen an seinen Handlungen. Der *Erfahrungscharakter* experimenteller Resultate liegt analog darin, ob es dem Experimentator gelungen ist, durch Präparation seiner Experimentierapparatur und durch Start einen Vorgang auszulösen, der so verläuft, wie er im Lichte seines bisherigen Wissens erwartet. *Experimentelle Erfahrung* ist, in anderen Worten, das *Widerfahrnis des Gelingens oder Mißlingens,* Verläufe, die selbst keine menschlichen Handlungen sind, durch menschliche Handlungen immer gleich herbeizuführen.

Damit sind auch empirische Wahrheiten, sofern sie auf Experimenten beruhen, bedingte Wahrheiten: Sie gelten nur relativ zum Gelingen der Handlungen, die Experimentierbedingungen technisch zu reproduzieren. Und daß diese Reproduktion technisch gelungen ist, darf nicht erst durch die Gleichheit des ausgelösten Verlaufs entschieden werden, sondern muß davon unabhängig festgestellt werden.

Sogenannte *Naturgesetze* – mit der legitimen Anleihe beim juristischen oder moralischen Gesetzesbegriff, daß Gesetze immer etwas Allgemeines haben – und damit *naturgesetzliche Wahrheiten* verdanken sich also, da sie experimentell belegt sind, der *Allgemeinheit eines Rezeptewissens,* wie es der Techniker anzustellen hat, durch Befolgung personenunabhängiger Handlungsanweisungen Verhältnisse zu produzieren, in denen sich die immer gleichen Vorgänge ereignen. Damit ist zugleich eine Alternative zur logischen Rekonstruktion der naturwissenschaftlichen Theorien durch die Tradition des Logischen Empirismus und des Kritischen Rationalismus angegeben: Dort bestand die Allgemeinheit von Naturgesetzen nicht zuletzt darin, einen universellen Geltungsbereich für alle Naturgegenstände zu unterstellen – so wie das Galileische Fallgesetz eben für alle Körper im Schwerefeld eines anderen Körpers (unter bestimmten Zusatzbedingungen) gelten sollte.

An die Stelle dieses heute als Irrweg einzusehenden Vorschlags, der immerhin die „Logik der Forschung" Poppers und seinen Falsifikationismus getragen hat, tritt wahrheitstheoretisch die Auffassung von einer *generellen und universellen Geltung naturwissenschaftlicher Gesetze*:

Generell sind ihre Resultate gültig im Sinne einer Personeninvarianz. Alle Vorschriften zur labormäßigen Erzeugung und Darstellung naturwissenschaftlicher Phänomene sind „transsubjektiv", d.h. überschreiten die Subjektivität einzelner Personen dadurch, daß sie personenunabhängig erfüllbar sein müssen. Und sie sind universell, d.h. auf alle einschlägigen Gegenstände zutreffend, insofern sie als Rezepte, als Handlungsanweisungen formuliert werden, die immer wieder gleich befolgt werden können.

Die bisherigen Erläuterungen der *wissenschaftlichen Wahrheit als Handlungserfolg* ist noch im zweifachen Sinne von der logisch-empiristischen Tradition belastet: Zum einen stehen ganz die Paradedisziplinen Mathematik und Physik im Vordergrund, letztere als Prototyp der empirischen Naturwissenschaft – trotz aller gravierenden Unterschiede, die *de facto* die Chemie und die Biologie zur Physik aufweisen –, und zum anderen unter dem Druck der Zurückweisung, es seien nur logische und empirische Wahrheiten wissenschaftsfähig.

Geklärt ist bisher immerhin, daß selbst für diese Typen von Wahrheiten ihre Abhängigkeit von Normierungen des Handelns und Redens für das Treiben empirischer Laborforschung gezeigt ist. Offensichtlich ist also für die Feststellung von Geltung oder Wahrheit auch ein Wissen über menschliche Handlungen unverzichtbar. Löst man sich jedoch von den

Dogmen des Logischen Empirismus und der analytischen Tradition, die angetreten ist, diese zu überwinden – wie die oben erwähnten Philosophen Quine, Kuhn, Feyerabend und andere, die in ihrem Repertoire mit der empfohlenen Naturalisierung, Relativierung und Historisierung der Wahrheit nichts über die beiden Wahrheitstypen logisch und empirisch Hinausgehendes entwickelt haben –, behält aber einstweilen noch die Fixierung auf Mathematik und Naturwissenschaften bei, so läßt sich für die Frage „Was ist Wahrheit?" unter der Leitidee „Wozu Wahrheit?" für die Wissenschaften eine weiterführende Orientierung gewinnen.

Hier ist nicht auf die historisch gewachsene Fächereinteilung zurückzugreifen, die ohnehin in der tatsächlichen Forschung und ihren Resultaten immer auch problematisch ist: Wie weit wird die theoretische Physik durch die Mathematik bestimmt? Wie ist Atom- und Elementarteilchenphysik, wie ist Quantenphysik von der Theorie der Atome und Moleküle in der theoretischen Chemie zu trennen? Wie ist die Chemie der großen Moleküle von der Molekularbiologie zu unterscheiden? Usw.

Vielmehr läßt sich in einem „methodischen" Aufbau von Mitteln, die ausnahmslos in allen Wissenschaften benötigt werden (wie dem logischen Schließen) zu immer spezielleren Mitteln – wie z. B. dem Zählen und Rechnen, dem Messen, dem Beobachten, dem Experimentieren, also kurz dem Anteil an Mathematik, Technik, Rekonstruktion vergangenen Geschehens usw. – eine *Typisierung von Wahrheiten* erreichen, die sich jeweils verschiedenen Kriterien verdanken.

Da man keine Wissenschaft aus der Verpflichtung entlassen wird, ihre Resultate sprachlich zu fassen, und da man keiner Wissenschaft dabei logische Fehler gestatten wird, spielt die „logische Wahrheit" für alle Wissenschaften eine wichtige Rolle. Es war eine der großen Entdeckungen von Aristoteles, daß manche Schlüsse, also Übergänge von Aussagen auf Aussagen, schon ihrer Form allein nach wahr sind – wie gern an dem populärsten Syllogismus „Wenn alle Griechen Menschen sind und alle Menschen sterblich, dann sind alle Griechen

sterblich" erläutert wird. Als logische Form dieses syllogistischen Schlusses (Syllogismus von *synlogízomai* = zusammen
überlegen: nämlich aus zwei Vordersätzen einen Nachsatz zu
gewinnen) bezeichnet man seine Reformulierung – mit Variablen für die Wörter „Grieche", „Mensch" und „sterblich" –:
Wenn alle p sind q und alle q sind r, dann alle p sind r.

Unser „Sprachgefühl", genauer, unsere Sprachgewohnheiten bezüglich der Wörter „wenn-dann", „und" und „für alle"
suggerieren uns die Richtigkeit dieses Übergangs von zwei
Prämissen auf eine Konklusion – unabhängig davon, wie die
Variablen p, q und r ersetzt werden, also sogar unabhängig
davon, ob durch solche Ersetzungen sinnlose oder sogar inhaltlich falsche Aussagen entstehen. Dies ist gemeint, wenn
von Schlüssen gesagt wird, sie seien schon ihrer Form nach
„logisch wahr". Eine *Logik* ist dann – in erster Annäherung –
eine Theorie, die logische Operatoren wie Satzverbinder (Junktoren) wie „und", „oder", „wenn-dann" und, als Sonderfall,
„nicht", sowie die Quantifikatoren (Quantoren) „für alle"
und „für einige" in ihrem Gebrauch explizieren und normie-
ren und dazu Kriterien definieren, nach denen „schlüssige
Übergänge" oder „gültige Schlüsse" von ungültigen unterschieden werden können. Logik ist mit anderen Worten eine
vorschreibende Theorie schlüssigen Argumentierens.

Aristoteles hatte seine Logik als Klassifikationsinstrument
für eine Einteilung alles Seienden entwickelt, wie es uns
heute noch in sogenannten „Begriffspyramiden" vertraut
ist und z.B. in der zoologischen und botanischen Systematik
der Biologen bis heute eine wichtige Rolle spielt. Allerdings
ist die Tradition der philosophischen Logiken weitgehend andere Wege gegangen als Aristoteles, so daß wir insbesondere
in der Gegenwart eine Konkurrenz von Logiken vorfinden,
die zu verschiedenen Zwecken oder von verschiedenen Voraussetzungen aus entwickelt wurden und für Fachwissenschaften, insbesondere für solche Disziplinen wie die mit
unterschiedlichen Beweistypen arbeitende Mathematik eine
begründete Entscheidung für oder gegen spezielle Logiken
verlangen.

Das Problem, mit welcher Logik man nun wieder Logiken begründet oder eine begründete Wahlentscheidung zwischen konkurrierenden Theorien trifft, kann hier ebenso wenig behandelt werden wie die Fragen nach dem Verhältnis der Stärke von Beweismitteln zur Stärke einer zu beweisenden Behauptung. Gewarnt werden soll aber vor dem Mißverständnis, es gäbe die Logik als eine Art der Explikation ewiger, vielleicht sogar menschenunabhängiger „Denkgesetze". Logiken sind vielmehr, in einer Minimalbestimmung, *Regelsysteme für die Verwendung logischer Operatoren* und, damit verknüpft, *Kriterien zur Unterscheidung regelgerechter von regelwidrigen Ableitungen* oder Begründungen. Behält man die Frage „Wozu Wahrheit"? im Auge, hat diese Offenheit der Wahl von Logiken nichts Beunruhigendes: Es kommt auf die speziellen Zwecke etwa einzelner Wissenschaften oder etwa auch eines Argumentationsinstruments für die öffentliche Rechtspraxis an, welches Regelsystem im Einzelfalle gerechtfertigt werden kann.

Schon etwas weniger allgemein als die Logik ist die Mathematik in den Wissenschaften verwendet – sofern man nicht der häufig mißverstandenen These anhängt, es sei umso mehr Wissenschaft in einer Sache, als Mathematik in ihr zu finden wäre. Auch hier führt die Frage „Was ist Wahrheit"? – wie schon bei der kritikbedürftigen Unterstellung, es gäbe *die*, also eine einzige Logik – zu der Einsicht, daß nicht *die* Mathematik ein einheitliches Wahrheitskriterium kennt – obwohl es innerhalb der Mathematik mathematikphilosophische Auffassungen gibt, wonach dies der Fall ist.

In unserem Jahrhundert sind verschiedene mathematische Teildisziplinen, von denen selbst der Laie die Arithmetik (Zählen und Rechnen) und die Geometrie (die Theorie der Konstruktion räumlicher Figuren) unterscheidet, in einer formalaxiomatischen Auffassung zu einer einheitlichen Darstellungsform gebracht worden. Danach soll es keine Rolle mehr spielen, ob z.B. die Arithmetik auf der menschlichen Handlung des Zählens und die Geometrie auf der menschlichen Handlung der Herstellung räumlicher Konfigurationen an realen Körpern beruht. Beide, wie andere für mathematische Theorien grundlegende Gegenstandsbereiche auch, werden nur noch strukturell betrachtet, indem verschiedene Variablensorten und ihre syntaktische Verbindung in sogenannten *Axiomen* den Anfang einer Theorie bilden, die inhaltliche Bedeutung der Variablen oder Axiome (die recht besehen nur noch Aussageformen sind), jedoch nicht zum Gegenstand der Mathematik gerechnet.

Auch dem mathematischen Laien dürfte ein prominentes Beispiel dieser Vereinheitlichungstendenz der Mathematik geläufig sein: Wer *Analytische Geometrie* in der Schule gelernt hat, weiß, daß sich durch die (auf Descartes zurückgehende) Einführung von Koordinatensystemen geometrische Konstruktionsaufgaben mit Zirkel und Lineal in Rechenaufgaben mit Koordinaten für Punkte und mit Gleichungen für Kurven übersetzen lassen, so daß der Unterschied zwischen dem Zählen und Rechnen einerseits, dem zeichnerischen Konstruieren von Figuren andererseits, zu verschwinden scheint. Daß dies lediglich ein Schein ist, weil die Übersetzung geometrischer Konstruktionsaufgaben in arithmetische Rechenaufgaben nur wieder in geometrisch konstruierten Koordinatensystemen – mit geraden Achsen und der Zuordnung von Punkten zu Zahlen auf ihnen – gelingt, spielt wegen der Abstinenz der Mathematiker von inhaltlichen Fragen zu ihren Grundbegriffen dort keine Rolle.

Wahrheitstheoretisch dagegen bleibt der Unterschied von Geometrie und Arithmetik bestehen: Oben wurde bereits beiläufig erwähnt, daß das Logifizierungsprogramm der Arithmetik nicht gelungen ist – und heute lassen sich Gründe dafür angeben, daß es auch nicht gelingen kann. Das heißt: Schon arithmetische Aussagen gelten nicht aufgrund von Logik allein. In der gegenwärtigen Mathematik kommt dies darin zum Ausdruck, daß es ein eigenes Axiomensystem für die „natürlichen" Zahlen – das heißt für die Zahlen 1, 2, 3 usw. –, das sogenannte Peano-Axiomensystem gibt.

Aus der Sicht eines „formalistischen" Mathematikers ist *mathematisch wahr* beschränkt auf die logische Ableitungsrichtigkeit von Lehrsätzen aus Axiomen. *Axiome* sind dabei Aussageformen, die, weil sie am Anfang der Theorie stehen, aus keinen anderen Sätzen abgeleitet sein können; sie müssen außerdem in einem System zueinander logisch widerspruchsfrei sein und, um möglichst sparsam zu sein, auch voneinander logisch unabhängig. Wo *mathematisch wahr* beschränkt wird auf die Ableitungsrichtigkeit aus Axiomen, hat selbstverständlich die Frage nach der Wahrheit der Axiome selbst keinen Sinn mehr.

Diesem modernen Frageverbot nach der Wahrheit von Axiomen stehen ältere Versuche gegenüber zu erklären, warum Axiome nicht nur im Sinne ihrer Ableitbarkeit aus anderen Sätzen nicht begründungsfähig, sondern auch nicht begründungsbedürftig seien – etwa, weil sie unmittelbar „evident" oder etwa als ewige Vernunftwahrheiten, von Gott geschaffen und/oder den Menschen angeboren seien.

Man darf es zwar als Fortschritt der modernen Mathematik und letztlich aller axiomatischen Theorien werten, daß solchen Erklärungen mißtraut wird – so kann z. B. die Geschichte der Geometrie mit der Entdeckung der Möglichkeit nichteuklidischer Geometrien lehren, daß sich „Evidenzen" historisch ändern können und, weit entfernt, ewige Wahrheiten zu sein, doch unter historisch variablen Bedingungen erst durch das Treiben einer Wissenschaft ausbilden. Andererseits wurde durch die formalistische Enthaltsamkeit das Kind mit dem Bade ausgeschüttet, insofern Axiome ja keineswegs völlig beliebig und nur in Befriedigung irgendeines Spieltriebs irgendwelcher Fachwissenschaften formuliert werden, sondern doch auch als Strukturformen Anwendungsbezüge kennen. Sie sind darüber hinaus sprachliche Gegenstände, die dem Zweck gelingender wissenschaftlicher Kommunikation dienen. Also läßt sich zurückfragen, ob nicht formale Axiomensysteme doch Strukturen von (durch Menschen strukturierten) Gegenstandsbereichen sind und damit Wege eröffnen, die bloß als undefinierte Variable eingesetzten Grundbegriffe mit einem expliziten, in einem zweckrationalen Herstellungszusammenhang sinnvollen Gebrauch zu versehen. So ist es ja nicht ein unbegreiflicher historischer Zufall, daß etwa die Rede eines Architekten oder Ingenieurs über Punkte, gerade Linien, rechte Winkel, Ebene oder sphärische Flächen usw. sehr wohl zusammenpaßt mit den geometrischen Lehrsätzen, die sich in einer „formalaxiomatischen" Geometrie gewinnen lassen. Und umgekehrt entwickeln Mathematiker nicht völlig abstruse Theorien und Axiomensysteme, sondern gerade solche, die Techniker, aber auch Naturwissenschaftler, die sich technischer Mittel zur Naturbeschreibung bedienen (wie z. B. in der Astronomie), besonders gut gebrauchen können. Also lassen sich – ungeachtet der mathematischen Abstinenz – Grundbegriffe mathematischer Theorien doch explizit durch Bezug auf ihren Konstitutions- und Konstruktionszusammenhang definieren und Axiome begründen. Als Begründungstyp freilich kommt dabei nicht mehr die logische Ableitung von Sätzen aus Axiomen in Betracht, sondern ein Argumentieren, das mit Hilfe der Logik *Zwecke und Mittel in menschlichen Praxen* betrifft und damit auch den Bereich des bloß behauptenden Redens verläßt, um den des vorschreibenden Redens mit einzubeziehen.

Statt *der* Mathematik haben z. B. *die* Arithmetik und *die* Geometrie verschiedene Wahrheitstypen, weil im ersten Falle die menschliche Erfindung des Zählens, der Zahlen und der Regeln des Umgangs mit ihnen darüber entscheiden, welche Rechenergebnisse richtig – synonym: wahr – sind (im Sinne der gelungenen Regelbefolgung) und welche falsch. Muß aber beim Zählen das Gezählte nur sprachlich begrifflich in Einheiten unterschieden werden – und von Fall zu Fall darauf geachtet, daß manchmal „Äpfel und Birnen zusammengezählt" werden dürfen, manchmal aber auch nicht –, so muß bei der Geometrie methodisch primär etwas von der Art räumlicher Formen an wirklichen Körpern erzeugt werden. Wer z. B. die Wahrheit des Lehrsatzes von Pythagoras zeigen oder verstehen will, muß über eine Zeichenebene, ein Lineal und Konstruktionsmitteln für den rechten Winkel verfügen. Solche „Formen" werden aber nicht einfach in der Natur vorgefunden oder durch bloßes Reden über Natürliches erzeugt, son-

dern nehmen Bezug auf eine weitergehende, nämlich sprach-
freie, handwerkliche Kulturleistung des Menschen: In der
Herstellung und Zurichtung natürlicher Dinge für seinen täg-
lichen Gebrauch werden ebene Oberflächen, gerade Kanten
(Lineale), rechte Winkel zwischen Ebenen, runde Räder und
Teller usw. produziert.

Ein erkenntnistheoretisch subtiles Wahrheitsproblem liegt
dann in der Frage, was die *Wahrheit geometrischer Aussagen*
als mathematische oder ideale Aussagen gegenüber den realen
Verhältnissen auszeichnet, die ihrerseits ja immer, salopp gesagt, etwas zu ungenau gegenüber der gedachten mathematischen Form sind. In modernen *Prototheorien* wurden dazu Verfahren der *Ideation* ausgearbeitet, die das Verhältnis
zwischen den räumlichen Formen realer Körper – wie z. B.
den Meßgeräten der Physiker – und den ideativen Begriffen
der mathematischen Theorie klären, mit deren Hilfe z. B. auf
Meßresulaten aufbauend die Theorien der mathematischen
Physik formuliert werden.

Noch spezieller als Logik und Mathematik ist die Messung
in den Wissenschaften in dem Sinne, daß es weniger Disziplinen sind, die ihre Ergebnisse Messungen verdanken – im Vergleich zu solchen, die mit Zählen und Rechnen umgehen.
Über die transsubjektive Geltung einzelner Meßresultate wurde bereits im Zusammenhang mit der Kritik an empiristischen
Vorstellungen gesprochen (vgl. S. 82). Auch hier kann auf eine Fachliteratur verwiesen werden, die nicht nur die Längen-
messung, sondern die Messung auch anderer physikalischer
Grundgrößen wie Zeit, Masse und andere betrifft, die nicht
nur in der Physik, sondern z. B. auch in der Chemie, der
Biologie, teilweise auch der experimentellen Psychologie und
den vielen, zu Unrecht „klein" genannten Naturwissenschaften wie Astronomie, Kristallographie usw. verwendet
werden.

Meßwerte sind wahr, wenn sie sich wissenschaftlichen
Meßmethoden verdanken. Für sie war gefordert worden, daß
ein System von Vorschriften die technische Reproduzierbarkeit der gewünschten Meßgeräteeigenschaften sicherstellt, so

daß es nicht mehr darauf ankommt, welche Person mit welchem Meßgerät mißt. In diesem Falle liegt ein Prototyp *transsubjektiver Wahrheit* und damit eines (erfahrungs-)wissenschaftlichen Geltungsniveaus vor.

Noch spezieller als das Messen ist das *Experimentieren* in den Wissenschaften – so ist z.B. die Astronomie eine sehr genau messende, aber praktisch nie experimentierende Wissenschaft – es sei denn zur Erweiterung ihrer Beobachtungsmöglichkeiten im Sinne der Verbesserung der Beobachtungsgeräte. Auch über das Experimentieren wurde oben schon geklärt, daß die Wahrheit experimentell überprüfter Aussagen ein Widerfahrniswissen relativ zur technischen Reproduzierbarkeit der Experimentierumstände ist. Experimentelle Wahrheit ist also prinzipiell ein technisches Know-how. Und, auch wenn es vielen Populärmeinungen widerspricht, auch die Wahrheit sogenannter Naturgesetze ist, wegen der tatsächlichen Kriterien ihrer Auszeichnung durch Naturwissenschaftler, die Wahrheit eines technischen Know-hows.

Hier gewinnt Wissenschaftstheorie als Wahrheitstheorie einen philosophischen Aufklärungswert, der weit über die Bereitstellung eines bloßen Instruments von Wahrheitskriterien zur Unterscheidung etwa von „wahren" und „falschen Naturgesetzen" hinausreicht: Es herrscht nämlich populär (und übrigens auch unter Naturwissenschaftlern populär) die Auffassung vor, Naturgesetze bestünden oder existierten menschenunabhängig und könnten, als Naturgegenstände, lediglich entdeckt werden, könnten aber nicht wahr oder falsch sein.

Dem ist entgegenzuhalten, daß *Naturgesetz* selbst ein wissenschaftstheoretisches Wort ist, nach dessen Sinn gefragt werden darf. Wer sich, vielleicht sogar aufgrund von Kenntnissen systematischer Schwierigkeiten dieses Problems, nicht eine Definition des Ausdrucks *Naturgesetz* zumuten möchte, wird auf die Frage nach Naturgesetzen zumindest Beispiele nennen – wie z.B. das Newtonsche Gravitationsgesetz. Auf die Frage, warum dies ein Beispiel für ein Naturgesetz sei, da es sich doch dabei zunächst einmal um einen sprachlichen

Satz mit Eigenschaften handelt, den auch viele andere Sätze aufweisen, ohne unter die Naturgesetze gerechnet zu werden, wird dann auf die empirische Bewährung und experimentelle Kontrolle verwiesen. Kurz, Naturgesetzlichkeit verlangt, neben bestimmten begrifflichen und logischen Charakteristika, experimentelle Kontrollierbarkeit und Bewährung als notwendige Bedingung. Da aber schon in der Rede von Experiment alle Allgemeinheiten der Personen- und Situationsinvarianz enthalten sind, ist die experimentelle Bestätigung nicht nur notwendig, sondern sogar ausreichend, ein experimentelles Resultat „naturgesetzlich" zu nennen – und damit sind alle naturgesetzlichen Sätze als technisch-experimentelles Verfügungswissen ausgewiesen.

Der (psychologisch durchaus naheliegende) Einwand, die Physik habe gerade bei natürlichen Regularitäten Naturgesetze konstatiert, die nicht vom Menschen künstlich erzeugt sind – man denke an die geistesgeschichtlich wichtigen Keplergesetze der Planetenbewegung – verkennt, daß sich die Annahme der *Wahrheit solcher auf Naturvorgänge bezogenen Gesetze* wieder dem erfolgreichen technischen Know-how verdankt, menschlich erzeugte Kunstgegenstände wie Kreise, Ellipsen, Winkelgeschwindigkeiten usw. zu einem – wiederum an technisch produziertem Gerät auf Passung kontrollierten – technischen Bewegungsmodell der Himmelsbewegungen zu machen. Mit anderen Worten, kein Naturvorgang wird von einem Naturwissenschaftler in einen wahren Satz und damit ein Naturgesetz gebracht, wenn nicht über das technische Knowhow seiner technisch kontrollierten Simulation. Auch die Naturgesetze z. B. des Stoffwechsels in einer vom Menschen unbehelligt wachsenden Pflanze können als Naturgesetze nur bekannt sein, wenn der Mensch in den technischen Prozeduren seiner Laborchemie die gleichen Vorgänge erkennt wie in der – zur Feststellung dieser Gleichheit notwendigerweise durchaus zu behelligenden – Pflanze.

Einen letzten wissenschaftstheoretisch relevanten Wahrheitstyp in der Aufzählung Logik, Arithmetik, Geometrie, Messung und Experiment ist der in diesem Einteilungsschema nicht einfach als weitere Spezialisierung zu gewinnende Typ von Wahrheit, nämlich die *Beobachtungswahrheit*. Beobachtung ist nämlich auf viele verschiedene Typen von Methoden der Gewinnung wahrer Aussagen anzuwenden. Hier soll zunächst deshalb nur auf einen speziellen verwiesen werden, der über die bisher angegebenen Wahrheitstypen im Sinne einer weiteren Spezialisierung hinausgeht: Die Beobachtung mit Hilfe von Beobachtungsgeräten (wie z.B. Fernrohren, Mikroskopen usw.), deren Funktionen ihrerseits auf empirischen wissenschaftlichen Theorien beruhen. Es gibt Beobachtungsgeräte, die, genauso wie Meßgeräte, künstlich technisch erzeugt werden, aber in ihrer Funktion nicht allein durch (Herstellungs- und Verwendungs-)Vorschriften definiert werden können. Zwar spielen z.B. bei einem Fernrohr auch Vorschriften eine Rolle, etwa, wenn für ihre Störungsfreiheit und Abbildtreue das Postulat formuliert wird, sie sollen ein entferntes Feld genauso – etwa in seiner räumlichen Konfiguration oder in seiner Farbigkeit – zeigen, als wenn sich der menschliche Beobachter eine entsprechende Distanz an dieses Feld angenähert hätte. Aber es bedarf zur Konstruktion z.B. eines farbkorrigierten Fernrohrs eben auch vieler empirischer Kenntnisse der geometrischen Optik, der Brechungseigenschaften verschiedener Gläser usw. Das heißt, die Wahrheit einer schlichten, aber gerätegestützten Aussage, wie sie z.B. schon der Jäger bei Benützung eines Fernglases trifft, ist eine bedingte Wahrheit, bei der die Bedingungen unter anderem die empirisch funktionsgerechte Leistung seines Fernglases enthalten.

Die bisher vorgeführte Reihe von wissenschaftlichen Methoden zur Gewinnung von Wahrheiten haben sich in der vorgestellten Spezialisierung nicht von den aus der Geschichte der Wissenschaftsphilosophie bekannten Bevorzugungen der Naturwissenschaften gelöst. Zu fragen ist selbstverständlich auch, wie etwa empirische Sozialwissenschaften oder hermeneutisch-historische Wissenschaften zu ihren Wahrheiten kommen. Ersichtlich öffnet sich hier nicht nur ein weites, sondern bekanntlich auch höchst problematisches Feld, weil z.B. bestimmte Formen empirischer Sozialwissenschaften sich am Vorbild der Naturwissenschaften orientieren und versuchen, deren Methoden auf individuelles oder kollektives Verhalten von Menschen zu adaptieren. Wissenschaften von der behavioristischen Psychologie über eine positivistische Soziologie zu empiristischen Wirtschaftswissenschaften in mikro- und makroökonomischer Ausrichtung sind Beispiele solcher Bemühungen. Diese Disziplinen verstehen und definieren sich selbst völlig anders als z.B. Text- und Geschichtswissenschaften, in denen es um ein *Verstehen menschlicher Handlungen und menschlicher Rede* geht. Unter Schlagwortpaaren wie „Erklären/Verstehen", oder „nomothetisch/ideographisch" (d.h. gesetzesformulierend versus das einzelne beschreibend) wird hier analytisch oder programmatisch ein prinzipieller Haltungsunterschied in den Kulturwissenschaften thematisiert.

Es versteht sich von selbst, daß je nach Programm die *Wahrheitstypen singulärer oder universeller Aussagen* verschieden sind. Ob eine menschliche Handlung und, als deren Spezialfall, eine sprachliche Äußerung richtig gedeutet ist, hängt im Rahmen eines verstehenden Wissenschaftsmodells davon ab, ob die vom Akteur tatsächlich verfolgten Zwecke zutreffend erkannt sind, so daß seine tatsächlich ergriffenen Handlungen dafür als erfolgreiches (oder gegebenenfalls erfolgloses) Mittel bezeichnet werden dürfen. Dagegen wird – aus Verdeutlichungsgründen hier exemplarisch radikalisiert – ein bloß erklärender Wissenschaftler lediglich die Handlung bzw. Äußerung eines Akteurs beschreiben und deren Intentionen oder Zwecke als wissenschaftlich nicht zugänglich bezeichnen – um den Preis, daß ihm eine Bewertung einer Handlung nach Erfolg oder Mißerfolg versagt bleiben muß.

In allen Fällen verschiedener Programme, die in den Nicht-Naturwissenschaften verfolgt werden, bleibt für das Wahrheitsproblem festzuhalten: Es sind jeweils Kriterien zur Beurteilung von wissenschaftlichen Aussagen auf wahr/falsch anzugeben, die Zwecke wie Transsubjektivität, Universalität oder andere explizit machen und Mittel für ihre Einlösung ausweisen. Mit Sicherheit kann dabei nicht von der Wahrheit, ja von *der* Wahrheit noch nicht einmal für eine spezielle Disziplin wie *die* Psychologie gesprochen werden. Ob gar eine Beurteilung von Programmen des Erklärens oder Verstehens gelingt, hängt wiederum von der Frage „Wozu Wahrheit?" ab.

Es ist eine Sache, z. B. menschliches Verhalten *vorhersagen* zu wollen, und eine andere, einen Menschen mit einer Phobie *therapieren* zu wollen. Ob beide mit demselben Typ Wahrheit zurechtkommen, ja beide denselben Wahrheitstyp aushalten, ist eine durchaus mit Gründen kontrovers zu beurteilende Frage. Daß solche Kontroversen aber immer von den jeweiligen Zwecken wissenschaftlicher Unternehmungen abhängen, läßt sich zwingend behaupten. Das heißt also, auch die Kontroverse um die *Wahrheitstypen erklärender und verstehender Wissenschaften* sind nicht, wie sie *de facto* manchmal geführt werden, ideologische Streitigkeiten um wissenschaftstheoretische Glaubensbekenntnisse, sondern sind wahrheitstheoretisch rationaler Argumentation zugänglich genau dort, wo über die Verschiedenheit der Zwecke solcher Wissenschaftsprogramme nachgedacht wird.

Abschließend darf behauptet werden, daß Wissenschaft als ein Bereich menschlichen Handelns, der sich in allen Einzelfällen aus der Lebenswelt heraus entwickelt und durch Stilisierung von Methoden zur Wissenschaftlichkeit gebracht wird, sich immer eines *Wahrheitstyps durch Handlungserfolg* versichern kann. Dies ist die generelle Alternative zu der oben kritisierten Auffassung, wissenschaftliche Wahrheit hätte etwas mit der Entsprechung zu vorfindlichen Realitäten zu tun. Zugespitzt gesagt, Wissenschaften gewinnen Wahrheiten dadurch, daß sie die Realitäten, von denen sie handeln, selbst erzeugen. Hätte sich diese Auffassung bereits als öffentliche Meinung durchgesetzt, könnte auch manche Diskussion um angebliche Parteilichkeit von Wissenschaftlern, um die Verantwortung der Wissenschaften gegenüber dem Menschen, über Fluch und Segen der Wissenschaft mit einem solideren, wahrheitstheoretischen Fundament geführt werden.

Ein zentraler Aspekt jedoch, der die Frage „Was ist Wahrheit?" betrifft, ist bisher ausgespart worden: die *lebensweltliche Wahrheit*. Wissenschaftliche Wahrheit, durch spezifische Methoden gesichert, hatte ja in Anspruch genommen, daß das Gelingen lebensweltlicher Handlungsvollzüge als Grundlage, gleichsam als Ausgangsbasis für alle wissenschaftliche Hochstilisierung schon zur Verfügung steht. Mit anderen Worten, Wissenschaft könnte gar nicht zustande kommen und Wahrheiten zustande bringen, gelänge es nicht schon längst außerhalb der Wissenschaften, zu Wahrheiten zu kommen. Diese Klärung soll jetzt im abschließenden Kapitel erfolgen – mit dem vom Leser zu beurteilenden Anspruch, daß damit im bisherigen Argumentationsgang aufgetauchte Diagnosen von Lücken und Fehlern historisch vorfindlicher Ansätze behoben werden.

IV. Wahrheit als Mittel

Der Exkurs in die Wissenschaften im vorangegangenen Kapitel war nicht nur der verbreiteten Überzeugung geschuldet, die Wissenschaften hätten es bei der Wahrheitsfindung am weitesten unter allen menschlichen Bemühungen um Wahrheit gebracht. Er war auch geboten wegen der weltbildstiftenden Rolle der Wissenschaften, die z. B. an der Beschränkung auf Logik und Empirie als den angeblich einzigen wissenschaftlichen Erkenntnismitteln demonstrierbar ist. Und es hat sich in diesem Exkurs ergeben, daß eine *Vielfalt von Wahrheitstypen* unterschieden werden muß, wenn man – vorläufig – der Tendenz folgt, Wahrheitstheorie als Wissenschaftstheorie zu betreiben. Als ein Resultat für die folgende Diskussion ist daran festzuhalten, daß die Rede von der, also einer einzigen Wahrheit irreführend ist und fallweise höchst verschiedene Wahrheitskriterien in Betracht kommen.

Ein weiteres Resultat des Exkurses über die Wissenschaften ist darin zu sehen, daß alle wissenschaftlichen Methoden und Geltungskriterien für wissenschaftliche Resultate aus der Lebenswelt heraus entstanden sind und dort Fundament und Ziel behalten. Bildlich gesprochen, Wahrheit ist so wenig, wie eine Erfindung von Philosophen, eine Erfindung von Wissenschaftlern und kommt auch nicht erst durch die Wissenschaften in unsere Kulturwelt, sondern muß immer schon in Praxis und Theorie vertraut sein, damit Spezialformen wissenschaftlicher Wahrheiten aus den *vor- und außerwissenschaftlichen Wahrheiten* gebildet werden können. Dies heißt aber, und das ist in der Tradition der Wissenschaftstheorie lange Zeit unbeachtet geblieben, daß der Wissenschaftstheorie eine Theorie der lebensweltlichen Wahrheit notwendig vorausgehen muß. Die Vorschläge also, die im Durchgang von der Logik zum Zählen und Rechnen, Messen, Experimentieren und Beobachten durchlaufen wurden, würden gleichsam in der Luft hängen, könnten sie sich nicht immer auf schon Vertrautes aus der Lebenswelt stützen, also z. B. die Vertrautheit des Argumentierens für oder gegen Behauptungen, das Zählen und Rechnen im Alltag, das Messen in Handwerk und Handel, das Ausprobieren in alltäglichen Bereichen wie dem Kochen, dem Gartenbau, handwerklichen Künsten und schließlich dem Beobachten natürlicher und kultürlicher Entwicklungen vom Wetter über das Gedeihen von Haustieren und von Pflanzen bis zu Lebensläufen und Geschichten von Personen, Gruppen und Staaten.

Es ist deshalb jetzt zu fragen, wie außerhalb eines Bereiches wissenschaftlicher Methoden *lebensweltliche Formen der Wahrheit durch Kriterien zu unterscheiden* und bestimmen sind. Dabei wird die im Einleitungskapitel beschriebene programmatische Orientierung an der Wozu-Frage der Wahrheiten leitend sein, die – über die dort gegebene Rechtfertigung hinaus – durch die Orientierungslosigkeit und Ergebnisarmut aktueller Wahrheitstheorien einer akademischen Philosophie nahegelegt wird, die das Wahrheitsproblem als Selbstzweck, als intellektuelles Glasperlenspiel behandelt. In Erinnerung ist zu rufen, daß es dabei nicht um einen „Gegenstand" Wahrheit, sondern um die nähere Bestimmung der Beurteilungsprädikate wahr und falsch geht, die auf Sätze oder Aussagen angewendet werden („Satz" im Sinne grammatischer Bestimmung, „Aussage" hier nur exemplarisch am Beispiel der „Zeugenaussage" in einem Gerichtsverfahren erläutert).

1. Die Wozu-Frage

Wenn Wahrheit nicht als Selbstzweck, sondern als Mittel für etwas bestimmt werden soll, ist nicht nur die Rede von Mittel und Zweck zu klären, sondern auch anzugeben, in welchem Zusammenhang welche Zwecke angenommen werden, zu deren Erreichung Wahrheit ein Mittel sein soll. Da schon begründet ist, daß nur Satzwahrheiten in Betracht kommen, geht es mit anderen Worten um die Frage, wozu Rede wahr sein soll. Da das Reden in einer hochkomplexen Kultur am Ende des 20. Jahrhunderts in unübersehbarer Fülle von Formen und Funktionen vorkommt und es weder zu rechtfertigen noch

aussichtsreich wäre, beschränkende Vorschriften dafür aufzu-
stellen, ist hier nur im Sinne einer begrifflichen Einteilung ein
bestimmtes Reden für die Klärung des Wahrheitsproblems ab-
zugrenzen und auszuzeichnen – ohne Anspruch, damit etwas
für andere Formen des Redens (wie z. B. die dichterische Fiktion) festlegen zu wollen. In diesem Sinne lassen sich diejenigen Formen der Rede von anderen unterscheiden, die der
Kommunikation zur Ermöglichung von Kooperation dienen.
Das heißt, da der redende Mensch ja keine einsame Figur (in
der Horrorvision Caspar Hausers auf der Insel von Robinson
Crusoe) ist, sondern sein Leben nur in der Gemeinschaft bestreiten kann, für die Arbeitsteilung ebenso unverzichtbar geworden ist wie der laufende Rollenwechsel zwischen dem Be-
dürftigen und dem Bedürfnisse Erfüllenden, dient Reden immer auch dem Geschäft, in der Gemeinschaft das eigene
Leben zu bestreiten.

Im Blick auf dieses Reden, das sozusagen immer dem Ernst
der Lebensbewältigung gerecht werden muß, läßt sich sehr
viel direkter und unmittelbarer angeben, worin der Zweck der
Wahrheit des Redens liegen soll, als etwa für die – schon aus
der antiken Tradition kommende – Auffassung, Wahrheit sei
ein Selbstzweck, und sie zum Mittel zu machen, verfehle ihren
eigentlichen Charakter. Auf die Frage, ob Wahrheitsstreben
edel sei nur bei zweckfreier Wahrheit, während jede Einbin-
dung in Zweckrationalität eine Versklavung oder Entwürdi-
gung oder Entweihung der Wahrheit darstelle, ist später noch
einmal einzugehen.

Die Orientierung an der Wozu-Frage dient hier, das sei
noch einmal hervorgehoben, zunächst einmal nur der Abgrenzung bestimmter Bereiche des Redens, für die sich – wie im
folgenden vorgeführt – die Frage nach der Wahrheit, ihren
Kriterien und ihrer Definition, beantworten läßt. Wer „Wahrheit an sich" oder die „reine", nämlich nicht mit menschlichen Bedürfnissen und Handlungen verknüpfte Wahrheit
philosophisch bestimmen möchte, möge dies tun. Sehr erfolgreich sind die Versuche dazu bisher in der Geistesgeschichte
nicht gewesen. Die Anbindung von Wahrheitskriterien und

Wahrheitsdefinition an die *Aufgabe menschlicher Rede, gemeinschaftliche Lebensbewältigung zu organisieren,* schließt nicht aus, daß der Mensch z.B. nicht nur als *homo faber,* sondern auch als *homo ludens* redet; mit anderen Worten, das Spielen, die Kunst, Ausdrucksformen der Kultur im Bereich des Ästhetischen und manches andere, was Menschen außerhalb ihrer Aufgaben der Lebensbewältigung wertvoll erscheint, soll hier nicht abgewertet werden. Beansprucht wird vielmehr nur, daß *eine Form menschlicher Rede unverzichtbar* ist, die als gelingende sprachliche Kommunikation alle für die Lebensbewältigung relevanten Aspekte einer Kooperation mit anderen Menschen möglich macht, aufrechterhält, organisiert usw. Würde es nicht einen geradezu anachronistisch altmodischen Klang haben, könnte man auch einfach sagen, es gehe um *sittlich ernste Rede.*

Damit ist bereits für den Wahrheitstheoretiker, der auf der dritten und der vierten Metastufe zu wahrheitsfähigen Aussagen argumentiert (vgl. zur Definition dieser Stufen S. 16) bereits ausgeschlossen, daß er *ad infinitum* die Position des Theoretikers beibehält, der, wie intellektuell anspruchsvoll auch immer, letztlich nur Reflexionen zum Wahrheitsproblem vorträgt, die ihrerseits in ihrer Relevanz für das Wahrheitsproblem in der Lebensbewältigung dem persönlichen Geschmack zur Beurteilung überlassen werden. Oben wurde dafür gesagt, erst das Verlassen der Beobachterperspektive und die *tatsächliche Teilnahme an Rede zur Lebensbewältigung* und schließlich erst das Handeln statt des Redens über das Handeln erlaubt eine befriedigende und befriedigend vollständige Beantwortung der Frage „Was ist Wahrheit?".

2. Kleine Handlungstheorie

Die alltagssprachlich vertraute Rede von Zweck und Mittel, von Handeln und Reden ist so weit zu explizieren und zu präzisieren, daß davon die folgenden wahrheitstheoretischen Unterscheidungen getragen werden. Nicht jedoch geht es darum, irgend jemandem allererst beizubringen, was Handeln und was Reden, auch nicht, was Behaupten, Auffordern und Fragen sei. Vielmehr ist nur zu erinnern an ein tatsächlich bei jedem normal lebenstüchtigen Menschen im täglichen Lebensvollzug immer schon geleisteten Typ von Unterscheidung: Schon das kleine Kind lernt, lange bevor es dann diesen Unterschied selbst sprachlich beschreiben und reflektieren kann, zu unterscheiden zwischen denjenigen Tätigkeiten, die ihm als Schuld oder Verdienst zugerechnet werden, von denjenigen, die ihm nicht zugerechnet werden – letztere in der ganzen Bandbreite vom entschuldigten Versehen über den unwillkürlichen Reflex bis hin zu Widerfahrnissen wie dem Getroffenwerden von Krankheit, Naturereignissen oder auch den Folgen von Handlungen anderer Menschen.

Diese Selbstverständlichkeit zu betonen, gebietet sich vor dem Hintergrund naturwissenschaftlich geprägter Welt- und Menschenbilder, in denen (mit einer wissenschaftshistorischen Anleihe bei einer erfolgreichen Form der Psychologie) von „Verhalten" gesprochen wird und dabei durchaus beabsichtigt das Wort „Verhalten" so weit gefaßt ist, daß sich auch ein Stein verhält, der sich in der Sonne erwärmt. Mit anderen Worten, es ist selbst schon ein philosophisches Programm, menschliches Handeln entweder vom Verhalten in diesem weiten Sinne nicht zu unterscheiden, oder als eine Form von Verhalten zu interpretieren mit der programmatischen Maßgabe, es sei eine naturwissenschaftliche Forschungsaufgabe, menschliche Handlungen als Verhalten zu beschreiben, zu erforschen und wie Naturvorgänge am Ende kausal zu erklären bzw. vorherzusagen.

Dieses naturalistische Programm einer „Naturwissenschaft vom Handeln" übersieht, daß es mit sich selbst konsistent nicht vertreten werden kann, weil die nur in menschlicher Kommunikation zu erhebenden Ansprüche auf Anerkennung und Durchführung dieses Programms auf etwas Kontrafaktisches abzielen und deshalb nicht als Gegenstand durch das Programm selbst erfaßt und erklärt werden können. Anders ausgedrückt, es ist gerade der *Anspruch auf Wahrheit von Behauptungen über menschliche Handlungen und menschliches*

Verhalten, der nur handelnd, aber nicht durch Verhalten eingelöst werden kann.

In methodischen Handlungstheorien wird *Handeln* gern so
erläutert: Jeder Mensch, der redend darauf aufmerksam gemacht worden ist, daß er an sich selbst und an anderen Menschen das Handeln vom bloßen Verhalten daran unterscheidet, was einer Person an Schuld und Verdienst zugerechnet
wird, wird auch zustimmen, wenn von Handlungen präzi-
sierend gesagt wird, *zu Handlungen kann man auffordern, zu
bloßem Verhalten* – wie z.B. erschrecken, stolpern, sich ver-
lieben, erkranken – *nicht*. Außerdem, daß man *Handlungen
auch unterlassen könne, bloßes Verhalten nicht* – man kann
sich nur handelnd vorsehen, nicht zu erschrecken, nicht zu
stolpern, nicht zu erkranken usw., kann aber diese Verhalten
nicht einfach unterlassen wie eine Handlung des Grüßens, des
Kuchenbackens, des Briefeschreibens usw. Schließlich ist jedem, der Handeln von bloßem Verhalten unterscheidet, vertraut, daß nur bei Handlungen, nicht aber bei Verhalten von
Gelingen und Mißlingen gesprochen wird.

Die alltägliche Lebensbewältigung umfaßt zwar nicht ausschließlich, aber in der Hauptsache immer wieder *Ketten von
Handlungen,* bei dem es dem Akteur um das Gelingen geht,
d.h. deren Gelingen ihm angelegen ist. Die Formen von Gelingen und Mißlingen erstrecken sich freilich auf einen weiten
Bereich: Einmal reden wir vom Gelingen und Mißlingen,
wenn jemand eine Handlung in bestimmter Weise durch-
führen kann, wie etwa beim Klavierspielen, bei sportlichem
Wettkampf oder auch bei einer handwerklichen Tätigkeit die
Beherrschung einer handwerklichen Technik. Kurz, Gelingen
und Mißlingen wird an der *Beherrschung eines Handlungsschemas* unterschieden, vom Gehen-, Schwimmen-, Sprechen-
und Rechnenkönnen bis zu hochspezialisierten Kunstfertigkeiten.

Eine zweite, prinzipiell andere Form des Gelingens und
Mißlingens wird am *Erreichen und Verfehlen von Zwecken*
unterschieden. Zwecke sind keine geheimnisvollen, metaphysischen Entitäten, keine neurophysiologisch nachzuweisenden

inneren Zustände von Wesen, die Bewußtsein haben, und keine Aspekte logisch konstruierter „möglicher Welten", sondern diejenigen *Sachverhalte, die durch Handeln hergestellt werden sollen.* Handelnd einen Zweck zu verfolgen, wie z. B. ein Loch zu graben, um einen Baum zu pflanzen, sind diejenigen Sachverhalte, die durch das Handeln selbst hergestellt werden sollen. Wäre Handeln nicht anders als das naturwissenschaftlich beschriebene Verhalten wie z. B. von Wasser, an die tiefste erreichbare Stelle zu fließen, wäre die Rede von Zwecken überflüssig. Nur weil Menschen *wissen*, daß ihre Handlungen häufig auch mißlingen, und weil dieses Mißlingen als das Verfehlen eines Zwecks beschrieben werden kann, ist es sinnvoll, Zwecke als diejenigen Sachverhalte zu bestimmen, die handelnd erreicht werden sollen, aber eben leider gelegentlich auch verfehlt werden. Mit anderen Worten, der Begriff des *Zwecks ist allein deshalb sinnvoll, weil nicht alle Handlungen gelingen.*

Man ziehe dazu noch einmal die oben gegebene Erläuterung des Experiments am Vergleich des Schießens auf ein Ziel heran: Die Stelle, die der Pfeil tatsächlich trifft, ist geradezu naturgesetzlich bestimmt durch alle physikalisch einschlägigen Umstände, die Eigenschaften von Pfeil und Bogen, Lage und Spannung des Bogens und des Pfeils vor dem Schuß, bis hin zum Seitenwind während des Pfeilfluges. Daß diese Stelle jedoch (in einem konkreten Einzelfall) „daneben liegt", nämlich z. B. nur am Rand und nicht im Zentrum der Zielscheibe, ist jedoch naturwissenschaftlich nicht prinzipiell verschieden vom Treffen des Zentrums, sondern nur als ein *Verfehlen des Zieles* zu erklären, das zu treffen sich der handelnde Schütze *als Zweck gesetzt* hat. Das Gelingen von Handlungen als Erreichen von Zwecken unter der prinzipiellen Gefahr des Mißlingens oder Scheiterns läßt sich deshalb immer als ein *Ergreifen von Mitteln* so auffassen, daß die stets zu gewärtigenden Störungen dabei vermieden oder beseitigt werden. Mit anderen Worten, gelingendes Handeln ist stets das Vermögen, Störungen (der Zielerreichung) zu vermeiden oder zu beseitigen. In der Wissenschaftstheorie kann deshalb das naturwissenschaftliche Know-how über künstliche oder natürliche Verläufe und ihre Regularitäten immer als ein Störungsbeseitigungs- oder Störungsvermeidungswissen charakterisiert werden.

Als „kleine Handlungstheorie" zur Klärung des Wahrheitsproblems reicht also hin, Handlungen vom bloßen Verhalten zu unterscheiden und ihr Gelingen und Mißlingen, wo nicht als richtige Aktualisierung eines Handlungsschemas wie bei den Kunstfertigkeiten verstanden, als Erreichen oder Verfehlen eines Zwecks zu begreifen. Dabei besteht „Gelingen" in geeigneter Vermeidung oder Beseitigung von Störung durch ein Ergreifen der geeigneten Mittel.

3. Kleine Sprachphilosophie

Auch *Reden ist Handeln,* wie die soeben gegebenen Erläuterungen leicht erkennen lassen: Jemandem gegenüber etwas zu behaupten, ihn zu etwas aufzufordern, ihn oder sie zu bitten, zu grüßen, zu loben, zu kränken, und viele andere Handlungen, die redend vollzogen werden, sind jeder am Leben teilnehmenden Person vertraut. Man kann zu diesen Handlungen auffordern, kann sie unterlassen, und sie können ge- und mißlingen. Letzteres allerdings ist bei den sprachlichen Handlungen sogleich in einem bestimmten Sinne als komplizierter erkennbar, als es bei den sprachfreien Handlungen der Fall ist. Denn was das Gelingen und Mißlingen unterscheidet, wo ein Kuchen gebacken, eine Zielscheibe getroffen, ein Klavierstück gespielt oder ein Zelt aufgebaut werden soll, ist immer anzugeben als richtige Aktualisierung eines Handlungsschemas oder als Herbeiführung eines bezweckten Sachverhalts. Aber *was unterscheidet das Gelingen und Mißlingen sprachlicher Handlungen?*

Zum einen kann damit gemeint sein, daß sie *vom Adressaten verstanden* werden. Schon hier sind die nächstliegenden Störungsmöglichkeiten zahllos: Sprecher und Hörer können eine verschiedene (National-)Sprache sprechen oder auch nur verschiedene Sprachen, die durch Zugehörigkeit zu Gruppen,

Schichten, oder auch durch besonders verschiedene Interessenlage zu tatsächlicher Unverständlichkeit führt. Der Sprecher kann bei Hintergrundlärm zu leise gesprochen haben, einen Sprachfehler haben, ein defektes Telefon benützen oder sonstwie akustisch unverständlich sein. Er kann aber auch Wörter falsch benützen, etwa zwei Fremdwörter verwechseln usw. Das heißt, das Mißlingen sprachlicher Handlungen kann als *Scheitern der Kommunikation* im Sinne des Mißlingens der Sprecherabsicht vorkommen, sich verständlich zu machen – wobei das Problem noch nicht berührt ist, woran entschieden wird, ob ein Hörer einen Sprecher verstanden hat oder nicht.

Ganz anderer Art ist das *Mißlingen* sprachlicher Handlungen, wenn eine Person eine andere zu einer Handlung auffordert, diese aber der Aufforderung nicht nachkommt – wieder mit einer Fülle von möglichen Unterscheidungen, etwa weil die aufgeforderte Person die Legitimation des Auffordernden bezweifelt oder die Aufforderung für unberechtigt hält, das Nachkommen der Aufforderung als gefährlich, als zu mühsam, als undurchführbar, oder aus irgendeinem anderen Grunde als nicht befolgenswert einschätzt.

Performative Sprechakte wie das Grüßen, das Versprechen, das Kondolieren, das Ernennen usw. können wieder in einer Fülle verschiedener Fälle mißlingen – etwa weil der Gegrüßte eine bestimmte Formel nicht als Gruß erkennt, anerkennt, entgegennehmen möchte usw., weil ein Versprechen nicht als solches erkannt, anerkannt, geglaubt, oder auch vom Versprechenden ernstgenommen, eingehalten wird. Die Ernennung kann mißlingen, weil der Ernennende dazu nicht legitimiert ist, rechtliche Bedingungen unerfüllt sind, usw. Diese Fälle aufzuzählen, soll zeigen, daß das Gelingen sprachlicher Handlungen, bis jetzt noch exemplifiziert an Fällen, bei denen es nicht um das Behaupten ging, an einer geradezu unüberschaubaren Fülle von Möglichkeiten scheitern kann, für die sich aber doch grob unterscheiden läßt, ob die Kommunikation selbst mißlingt, also die Mitteilung, die der Sprecher dem Hörer machen möchte, vom Hörer nicht verstanden wird, oder ob eine als gelungen angenommene Mitteilung nicht die gewünschte, d. h. bezweckte Folge im Sinne des Organisierens von Kooperation hat, wie im Fall der nicht befolgten Aufforderung.

Läßt sich nun, und diese Frage sollte damit vorbereitet worden sein, der Unterschied von Verstandenwerden und Befolgtwerden einer Aufforderung übertragen auf Behauptungen, bei denen es ebenfalls einerseits um ein Verstandenwerden, andererseits um eine Form der Zustimmung geht, die schließlich für die Wahrheit der Behauptung maßgeblich werden soll? Mit anderen Worten, kann *Wahrheit als Gelingen des Behauptens interpretiert* werden? Um diese Interpretation möglich zu machen, muß in einer „kleinen Sprachphilosophie" über das Geschäft des Behauptens klärend festgelegt werden, was der Klärung bedarf, vor allem, weil es durch die Geschichte der Sprachphilosophie bereits so zerredet ist, daß Erinnerungen an das alltäglich Selbstverständliche geboten sind.

Das Reden, auf das auch Wissenschaftler, Sprachphilosophen und Wahrheitstheoretiker außerhalb ihrer professionellen Tätigkeit im Alltag angewiesen sind, wird erlernt, indem kleine Menschen im Handlungszusammenhang mit großen Menschen das Handeln und Reden erlernen. Das heißt, die Erstsprache wird nicht etwa erworben, um darzustellen, wie die Welt ist. Sie wird vielmehr (reflexionsfrei) erlernt im Zusammenhang auffordernden und hinweisenden Redens im direkten Bezug auf das Handeln und Unterlassen auf beiden Seiten, auf Seiten des Sprachlehrenden und des Sprachlernenden. Oder kurz, am (Lebens-)Anfang wird nur über Handeln und Unterlassen geredet. Dinge oder Ereignisse, die dabei eine Rolle spielen, wie die gewährte oder entzogene Schokolade, die laute Blechtrommel und das nicht zu zerstörende Spielzeug, kommen immer nur bezogen auf Handlungen und Unterlassungen vor, gewinnen ihre Eigenständigkeit als Objekte oder Bedingungen, als Teile von Zwecken oder Mitteln nur im Zusammenhang mit sprachlich erfaßten Handlungen.

In solchen Zusammenhängen, zumal, wenn mehr als zwei Personen an einem Handlungskontext beteiligt sind, wird die Adressierbarkeit von Personen durch Eigennamen benötigt. Eigennamen dienen also zunächst einmal nur dem Ansprechen von Personen – und tauchen deshalb mit Sicherheit nicht in der Form auf, wie sich dies extensionale Logiker gedacht haben, wonach der Eigenname gleichsam der speziellste, nur auf genau einen Gegenstand zutreffende Fall eines Prädikators ist und durch bestimmte Merkmalsbündel definiert werden können sollte. Können Personen adressiert werden, so können im zweiten Schritt die Eigennamen auch anders verwendet werden, etwa wenn eine Person A eine Person B auffordert, einer Person C etwas Bestimmtes zu geben. Schließlich können die Eigennamen von Personen ausgeweitet werden auf Dinge und Ereignisse, wenn damit im selben Sinne ein bestimmtes einzelnes, ein Individuum benannt werden soll, das für die Durchführung oder Unterlassung einer bestimmten Handlung etwa in der Aufforderung einer Person durch eine andere eine Rolle spielt. *Eigennamen* dienen dann der *Benennung von Personen, Dingen und Ereignissen*, und zwar, um sie sprachlich in *Aufforderungen* benennen zu können.

Eine andere, selbstverständlich nicht weniger elementare Wortklasse betrifft die *Bezeichnungen von Handlungen* selbst. Sie werden gelehrt und gelernt im Zusammenhang mit der Durchführung der fraglichen Handlung. Da aber nicht alle Handlungen ohne Hilfsmittel durchgeführt werden können, wie z.B. singen oder gehen, sondern nur in bestimmten Situationen, z.B. schwimmen, wenn Wasser da ist, oder Geige spielen, wenn eine Geige vorhanden ist, werden prädizierende Wörter auch für Dinge und Ereignisse an Beispielen und Gegenbeispielen durch tatsächliche Verwendung im Handlungskontext eingeübt. Eine weitere Wortsorte prädizierenden Redens betrifft die Art der Durchführung von Handlungen, also z.B. wenn jemand aufgefordert wird, nicht einfach zu springen, sondern *weit* zu springen (sogenannte Apprädikatoren), die schließlich analog auch als Apprädikatoren zu Wörtern auftreten, die nicht auf Handlungen bezogen sind – etwa wenn jemand aufgefordert wird, nicht einfach einen Apfel, sondern einen *roten* Apfel zu bringen.

Schließlich wird bei der sprachlichen Organisation gemeinschaftlichen Handelns zu berücksichtigen sein, daß Handeln (leider) nicht immer gelingt. Das heißt, prädizierende Wörter für *Widerfahrnisse* werden gebraucht und eingeübt. Ein genauerer Blick auf Beispiele lehrt dann, zu unterscheiden, wie vielfältig (und gelegentlich großartig) Handlungen scheitern können – vom folgenreichen Versprecher bis zum berstenden Staudamm, vom Verregnen des Spaziergangs bis zur Dürrekatastrophe.

Dieser kleine sprachphilosophische Exkurs in die Unterscheidung der Worttypen „Eigenname", „Prädikator", „Apprädikator" dient hier allein dem Zweck, zu verdeutlichen, daß das Reden von der Bedeutung von Wörtern überhaupt nicht an die Lösung des Wahrheitsproblems gebunden ist – wie es die meisten modernen Theorien behaupten, die Wahrheit und Bedeutung von Rede derart eng verflochten sehen möchten, daß einerseits die Wahrheit einer Behauptung über die Bedeutung ihrer Wörter entscheide und andererseits die richtige Bedeutung der Wörter die Wahrheit der Behauptung allererst ermögliche. In solche zirkulären Selbstverstrickungen braucht man sich aber nicht zu begeben, wenn man nur bedenkt, daß das *Reden zur Lebensbewältigung* primär ein auffordernde ist – und übrigens auch das Fragen ist eine spezielle Form der Aufforderung – und als Handeln tatsächlich (und glücklicherweise lebensermöglichend immer wieder) gelingt, d. h. tatsächlich sowohl als verstehbare und verstandene Rede geführt als auch zur Organisation gemeinschaftlicher Praxis verwendet wird.

Mehr noch: Die Mehrheitsmeinung unter akademischen Philosophen bezüglich Logik geht davon aus, daß logische Operatoren und Regeln für ihre Verwendung daran gebunden sind, mit wahrheitsfähiger, behauptender Rede den Aufbau der Logik zu beginnen. So gibt es z. B. logische Schulmeinungen, die das Wort *Aussage* definieren als „Satz" (im grammatischen Sinne), der entweder wahr oder falsch ist – um so etwa Aufforderungen oder Fragen auszuschließen. Für solche Aussagen, die über ihre Definition an die Lösung des Wahrheitsproblems gebunden sind, sollen dann logische Operatoren wie Junktoren und Quantoren (vgl. S. 84) definiert werden.

Dem ist entgegenzuhalten, daß auch im auffordernden Reden über eine kooperative Bewertung schon logische Zusammensetzungen etabliert werden: Wer im Restaurant eine Pizza und ein Bier bestellt, wird seine Bestellung nur erfüllt sehen, wenn er beides bekommt. Dies kann, in unhöflicher Sprachlosigkeit, sogar sprachfrei geschehen, d. h., der logische Operator „und" in der Aufforderung an den Kellner ist genau dann von diesem richtig verstanden und, als Verbindung zweier Aufforderungen, vom Gast erfolgreich verwendet worden, wenn die sprachfreien Handlungen des Servierens von Essen und Getränk beide erfolgen. Mit anderen Worten, die Definition und die Bewertung logisch zusammengesetzter sprachlicher Sätze auf ihre logische Richtigkeit hin kann außerhalb des Bereichs wahrheitsfähiger Rede etabliert werden, ja wird sogar im faktischen Spracherwerb durch Kinder auf diesem Weg erlernt. Das heißt aber, daß die „richtigen", das heißt zum Beispiel nach Üblichkeiten oder nach expliziten logischen Regeln erfolgenden *logischen Zusammensetzungen komplexer Sätze aus einfachen Sätzen* einen schrittweisen, lückenlosen und zirkelfreien Zugang zur logischen Wahrheit eröffnen, ohne daß dabei schon irgendwelche anderen Wahrheiten als verfügbar vorausgesetzt werden müssen. Die *logische Wahrheit* eines zusammengesetzten, komplexen Satzes läßt sich über den Handlungserfolg bestimmen, nämlich der Handlung, eine komplexe Aufforderung an eine Person ergehen zu lassen. Man braucht keinen metaphysischen Gespenstern wie „ewigen Denkgesetzen" nachzujagen, um dem Phänomen der „logischen Wahrheit" gerecht zu werden. Die *Schlüssigkeit von Schlüssen* ist auf den sprachfrei kontrollierbaren Handlungserfolg komplexer Aufforderungen zurückführbar – und damit in Kommunikationsleistungen begründet, die ihrerseits den Zweck der Organisation von Kooperation verfolgen und erreichen.

Es gehört zum sprachlichen Verständnis eines jeden kompetenten Alltagssprachensprechers, daß Aufforderungen nicht wahr oder falsch genannt werden, sondern nur Behauptungen. Damit sei die Frage wieder aufgenommen, ob sich die Wahrheit von Behauptungen ebenfalls als Handlungserfolg, nämlich der Handlungen des Behauptens, handlungstheoretisch bestimmen lassen. Wie aber kann man zunächst plausibel machen, daß im Zusammenhang sprachlichen Organisierens des Zusammenlebens von Menschen mit Hilfe auffordernden Redens *Behauptungen* überhaupt ins Spiel kommen? Hierfür gibt es mehrere handlungstheoretische Antworten (für die hier offenbleiben soll, inwieweit sie miteinander konkurrieren oder gar sich gegenseitig ausschließen): Zum einen ist an den Fall zu denken, daß das Befolgen oder Nichtbefolgen von Aufforderungen durch den Auffordernden selbst nicht beobachtet werden kann, so daß er sich berichten lassen muß – dann selbstverständlich in Behauptungen. Zum anderen ist an den Fall zu denken, daß Aufforderungen bedingt ergehen, etwa, wenn verboten wird, im Brandfalle einen Lift zu benützen. Dann muß z.B. im Falle der Nichtbefolgung der Aufforderung sprachlich eine Einigung zwischen auffordernder und aufgeforderter Person erreicht werden, ob die Bedingung erfüllt ist oder nicht – wieder selbstverständlich in behauptender Rede. Oder es werden Beratungen im Zusammenhang gemeinschaftlicher Planungen geführt, in der ein Mittelwissen über den besten Weg zum Erreichen eines Zieles eine Rolle spielt. Dann werden gemachte Erfahrungen in Form von – selbstverständlich behauptenden – Erzählungen eine Rolle spielen.

Die Reihe solcher Beispiele, in der im Zusammenhang komplexen Aufforderns das behauptende Reden eine Rolle zu spielen beginnt, um dem Auffordern zu seiner koordinierenden Funktion für gemeinschaftliche Unternehmungen zu verhelfen, ist wohl um viele andere Beispiele zu erweitern. Die drei gegebenen mögen aber bereits hinreichen, um folgenden Aspekt des Behauptens deutlich zu machen: *Behaupten ist nicht das redende Beschreiben der Welt,* wie sie nun einmal ist, *ohne jeden weiteren Zweck* – als den „Selbstzweck", nun einmal „wahr" zu sein – ohne daß man der ewigen Pilatus-Frage Sinn und Antwort geben könnte. Vielmehr gewinnen Behauptungen in einem Reden, das gelingender Kooperation und Lebensbewältigung als Mittel dient, selbst einen unverzichtbaren *Mittelcharakter*: Sie müssen *wahr sein,* sonst sind sie *kein taugliches Mittel, gemeinschaftliche Praxis zu organisieren. Fehlender Handlungserfolg macht Behauptungen falsch.*

Die damit vorgeschlagene Sichtweise betrifft unter anderem ein Reihenfolgeproblem: Es wird nicht die Wahrheit der Weltbeschreibung als Voraussetzung für erfolgreiches Handeln postuliert, sondern das erfolgreiche Handeln zum Definiens der Wahrheit erhoben. Die Kollision mit der lieb gewordenen Vorstellung, Wahrheit sei doch gerade durch Unabhängigkeit von menschlichen Interessen charakterisiert, ist dabei unvermeidlich.

4. Begründen und Widerlegen: Der Diskurs als Verfahren

Der alltagssprachliche und lebensweltliche Umgang mit der Beurteilung von Aussagen auf wahr und falsch legt es nahe, dabei primär an einen spontanen psychischen Akt zu denken: Weniger, wo es um spontane Zustimmung geht – obgleich auch dies als sozialpsychologisches Motiv für Zustimmungen vorkommt, die Zugehörigkeit zu einer Meinungsgruppe zu empfinden oder zu bekunden –, als vielmehr im spontanen Eindruck „Das ist nicht wahr!". In Regungen des Irritiertseins, des Protestes, der Ablehnung, des Gewarntseins also sind solche spontanen Bewertungen wohl jedem Menschen vertraut. Dieser Umstand könnte den Versuch nahelegen, dem Wahrheitsproblem methodisch über den *Akt der Zustimmung oder gar der Ablehnung als individuelles psychisches Ereignis* beikommen zu wollen. Gestützt würde ein solcher Versuch noch dadurch, daß wir uns in der Lebenswelt in vielen wichtigen Hinsichten auf Wahrnehmungen verlassen, die ihrerseits nicht bewußtlos, sondern in einer Art von Zustimmungsakt zum Wahrnehmungsinhalt sich abzuspielen scheinen – jedenfalls dann, wenn es auch noch um die sprachlich explizite Äußerung einer Wahrnehmung in einem Wahrnehmungsurteil geht. Bei Versuchen dieser Art kommen *psychologische und phänomenologische Beschreibungen* ins Spiel, die in vielen Formen beanspruchen dürfen, von etwas zu handeln, ohne daß es weder die objektsprachliche Wahrheit noch die metasprachliche Beurteilung als Gegenstände des Überlegens überhaupt gäbe.

Diese Versuche sollen jedoch nicht weiter verfolgt werden, weil sie ihrerseits nicht daran vorbeikommen, sich selbst sprachlich darzustellen – und dabei mit den Wortpaaren „wahr/falsch" bzw. „zustimmen/ablehnen" diejenigen Unterscheidungen bereits zu benützen, um deren Erläuterung es hier allererst geht. Damit ist keine Kritik an psychologischen oder phänomenologischen Ansätzen geübt – lediglich ihre methodisch primäre Rolle für eine Wahrheitstheorie ist bestritten.

Da es um die Klärung von Wahrheitskriterien und um die definitorische Eingrenzung der Beurteilungsprädikatoren „wahr" und „falsch" unter der Maßgabe von Zwecken geht, sind – wie bisher geschehen – auch diese Kriterien immer explizit sprachlich zu fassen, die hierfür eine Rolle spielen sollen. Mit anderen Worten, wie es im weiteren nur um die expliziten, metasprachlichen Beurteilungsaussagen der Art „Die Aussage A ist wahr" gehen soll, geht es auch bei allen individuellen und kollektiven Gründen für Zustimmung und Ablehnung allein um sprachlich explizit gemachte Gründe. Mit anderen Worten, „wahr" und „falsch" sollen nur „begründet" einer Aussage zugesprochen werden – genauer, „wahr", wenn es eine Begründung gibt, und „falsch", wenn eine Widerlegung.

Für Begründungen und Widerlegungen ist damit als Minimalforderung aufgestellt, daß sie sprachlich explizit gegeben werden. Als zweites, unverzichtbares Charakteristikum ist zu fordern, daß sie ihrerseits mit dem *Anspruch auf Zustimmungsfähigkeit* vorgetragen werden. Dieser, sich dann selbstverständlich auf Wahrheit übertragende Anspruch auf Zustimmungsfähigkeit wird in praktisch allen Wahrheitstheorien reklamiert – in aller Regel aber in einer deskriptivistischen Haltung, wonach die Leute eben so redeten, daß sie, was sie für wahr halten, auch als Zustimmung erheischend ansehen. Der Anspruch auf Zustimmungsfähigkeit muß aber nicht resignativ in den tatsächlichen Sprachgebrauch der Leute verlegt werden, wie es anscheinend unausweichlich ist, wenn man dem behauptenden Reden lediglich eine Beschreibungsfunktion gegenüber der Wirklichkeit im Sinne korrespondenztheoretischer Wahrheitstheorien beilegt. Vielmehr kann der Anspruch auf Zustimmung als sinnvolles Mittel eingesehen werden, wo das Behaupten selbst der Organisation gemeinsamen Handelns dient. Mit anderen Worten, wie jede Aufforderung an eine andere Person jeglichen Sinn verlöre, wenn der Auffordernde nicht erwartete, daß der Aufgeforderte auch Folge leistet – oder andere, bezüglich des Aufforderns sinnvolle Antworten wie z.B. eine Verweigerung bekundet –, so hat auch *wahre Rede* im Zusammenhang der Organisation gemeinschaftlichen Handelns einen *Aufforderungscharakter*. Wird etwa behauptet, das Eis sei zum Betreten noch zu dünn, so daß man bei einer gemeinsamen Wanderung nicht über den Teich, sondern um den Teich herumgehen solle, erheischt die Behauptung über die Dicke des Eises Zustimmung, weil sie für gemeinschaftliches Handeln leitend wird. Wo ein solcher Aufforderungscharakter der Wahrheit nicht erhoben wird, wird damit selbstverständlich auch der Anspruch preisgegeben, die Zustimmung zu Behauptungen hätte etwas mit der Orientierung von Handlungen zu tun.

Wo das behauptende Reden – sozusagen „von selbst" – tatsächlich problemlos in dem doppelten Sinne gelingt, daß es einerseits verstanden und andererseits als wahr anerkannt wird, sind keine Begründungen – und analog Widerlegungen – erforderlich. Anders ist die Situation, wenn der von einer Behauptung Adressierte Zweifel hegt. Dann sind Behauptungen (vom Behauptenden) zu begründen bzw. (vom Zweifelnden) zu widerlegen. Dabei ist Sorge zu tragen, daß solche Begründungen bzw. Widerlegungen ihren kommunikativen Zweck erfüllen, für den Gesprächspartner nachvollziehbar, d. h. verständlich und zustimmungsfähig zu sein.

Nicht in allen, aber in vielen und wichtigen Fällen geht es bei Behauptungen um solche, für die Zustimmung oder Ablehnung nicht nur von bestimmten Personen (in einem bestimmten Handlungszusammenhang) erwartet wird, sondern „allgemein". Dort ist es gerechtfertigt, von Begründungen und Widerlegungen zu verlangen, daß sie – wieder dem Anspruch nach – prinzipiell für jede Person nachvollziehbar sind. Sie müssen *generell* gelten.

Nachvollziehbarkeit durch jede Person bzw., synonym, generelle Geltung ist, wie in der Philosophie traditionell gesagt wird, eine „regulative Idee". Das heißt im Zusammenhang der Auffassung, Wahrheit als Mittel für erfolgreiches gemeinschaftliches Handeln zu etablieren, daß generelle Geltung von Begründungen und Widerlegungen als Postulat an jede tatsächlich gegebene Begründung bzw. Widerlegung zu richten ist und daß damit jeder in einer tatsächlichen Argumentation entdeckte Verstoß gegen dieses Postulat zu einer Korrektur von Argumenten führen muß.

Den Laien – und erst recht den Vernunftoptimisten – muß diese Auffassung, wonach Begründen und Widerlegen „nur" durch die regulative Idee der Allgemeingeltung eingegrenzt sein sollen, unzufrieden lassen: Danach kann es ja immer vorkommen, daß eine tatsächlich gegebene Begründung, d. h. eine solche, der alle Gesprächspartner tatsächlich zugestimmt haben, durch eine zusätzlich ins Spiel kommende Person und deren Entdeckung eines Argumentationsfehlers (im Sinne der Verletzung des Allgemeinheitspostulats) von einer Begründung zu einer Nichtbegründung gemacht wird. Mit anderen Worten, das oben als eine Konsequenz der Tarskischen Wahrheitstheorie diskutierte Problem, daß allem Anschein nach plötzlich falsch werden könne, was einmal wahr war (und umgekehrt), taucht hier allem Anschein nach auf. Diesem Problem ist so zu begegnen, wie oben dargelegt wurde (vgl. S. 45): Die Hoffnung auf „ewige Wahrheiten" und damit auf „ewig unwiderlegbare Begründungen" ist illusionär. Menschliches Wissen bleibt immer korrigierbar durch noch mehr Wissen. Wahrheit ist als Produkt menschlicher Bemühungen *prinzipiell irrtumsanfällig*. Diese prinzipielle Irrtumsanfälligkeit schließt aber nicht aus, daß es handlungsrelevante, ja nachgerade *lebenswichtige Wahrheiten* sind, die, von Menschen gefunden und begründet, gemeinschaftliches Handeln auf eine verläßliche Grundlage stellen. Und den Vernunftpessimisten ist entgegenzuhalten, daß nicht nur immer Erstaunliches gelingt an wahrer, nämlich Kooperation erfolgreich organisierender Rede; vielmehr hätte der Vernunfts- oder Begründbarkeitspessimist noch nicht einmal Beispiele für ein Scheitern, könnte er nicht auf das Scheitern eben des normalerweise Gelingenden hinweisen. Radikale Skepsis gegen „Wahrheit durch Begründung" ist wie ein Mistelzweig ohne Wirtsbaum.

Mittel des Begründens und Widerlegens sind bereits im vorangegangenen Abschnitt genannt: Die *Verstehbarkeit* der sprachlichen Mittel, oben auch Nachvollziehbarkeit genannt, muß gesichert sein – wieder in dem sparsamen Sinne der Beseitigung erkannter terminologischer Verschiedenheiten bei verschiedenen Sprechern – und *Argumente* müssen logisch richtig aus anderen Argumenten gewonnen werden.

Diese idealtypischen Anforderungen an das Begründen und Widerlegen soll terminologisch dadurch zum Ausdruck kommen, daß von einem *Diskurs* gesprochen wird – im Unterschied etwa zu einer Diskussion. Diskurse sind keine (tatsächlichen) Diskussionen, sondern die von allen kontingenten Zusätzen tatsächlichen Miteinanderredens befreite, *idealisierte Argumentationsgänge* zur Begründung oder Widerlegung von Behauptungen. Ob bei einer faktisch geführten Diskussion tatsächlich ein Diskurs vorliegt, ist dann selbstverständlich seinerseits Gegenstand kritischer Prüfung von Begründungen oder Widerlegungen – das heißt, die Diskurspartner haben sich darauf zu einigen, ob faktisch gegebene Begründungen oder Widerlegungen diskursiv eingelöst sind – selbstverständlich nach bestem Wissen und Gewissen aller Diskursteilnehmer.

Ein theoretisch ausgereifter Versuch, auf diesen Begriff des Diskurses eine Wahrheitstheorie aufzubauen, ist von J. Habermas vorgelegt worden und wird als *Diskurstheorie der Wahrheit* bezeichnet. Sie unterscheidet sich von den aktuellen Wahrheitstheorien sprachanalytischer Provenienz dadurch, daß sie den Diskurs als Mittel des Begründens oder Widerlegens unter Bedingungen faßt, die tatsächlich einzuhalten sind, um zur Beurteilung von Aussagen auf Wahrheit bzw. Falschheit im Sinne der genannten regulativen Idee zu kommen. Insbesondere unterscheidet sich der diskurstheoretische Ansatz von seinen sprachanalytischen Zeitgenossen dadurch, daß er nicht beschränkt auf Wahrheitstheorie ist, sondern auch im Rahmen einer *Diskursethik* auf Rechtfertigungsverfahren für Handlungsorientierungen hin entwickelt wird. Für das Nähere sei auf die einschlägige Literatur verwiesen (J. Habermas; K. O. Apel – vgl. Literaturverzeichnis).

Unter dem hier verfolgten Zweck, die handlungsorientierende Leistung des Begründens und Widerlegens sicherzustellen – ein Ziel, das neben Habermas auch K. O. Apel und andere Philosophen der Frankfurter Schule verfolgen – erscheint die *Diskurstheorie der Wahrheit* in einer Hinsicht jedoch zu eng: Sie hat sich, von ihren Urhebern wohl unbemerkt, mit der einseitigen Sprachfixierung der Analytischen Philosophie belastet und dabei vor allem dem sprachfreien Handeln als einer Grundlage der Herstellung von Wahrheiten zu wenig Beachtung geschenkt. An einem ganz einfachen Beispiel: Es kann nicht bloß eine Frage der Diskursregeln sein, ob Behauptungen über Sachverhalte zutreffen oder nicht, wenn diese Sachverhalte selbst z. B. durch sprachfreies Handeln allererst – oder vielleicht sogar mit dem Ziel, einen bestimmten Diskurs zu einem bestimmten Ergebnis zu bringen – sprachfrei hergestellt werden. Hierzu genügen einfache handwerkliche oder technische Beispiele: Ob ein Schlüssel in ein Schloß paßt, ist nicht nur eine Frage sprachlicher Veranstaltungen, sondern des faktischen Ausprobierens; und wo es wie in diesem Beispiel um Artefakte geht, viel häufiger noch eine Frage des gezielten Herbeiführens, etwa durch die Auswahl des richtigen

Schlüssels, wenn nicht gar durch den Schlosser, der Schloß und Schlüssel zueinander passend verfertigt.

Diskursregelungen haben, so unverzichtbar sie für die Charakterisierung des Begründens und Widerlegens sind, noch unter einem weiteren Aspekt als der Berücksichtigung sprachfreier Handlungen keinen hinreichenden Charakter für die Wahrheitsfindung: Auch Diskurse sind selbstverständlich endlich, d.h. haben Anfang und Ende, und liefern das Ende immer nur relativ zu einem Anfang. Wenn auch Begründen und Widerlegen (wie oben am Beispiel geometrischer Axiome diskutiert, vgl. S. 88) nicht beschränkt ist auf das logische Ableiten von Aussagen aus Aussagen, sondern andere Mittel, z.B. das der terminologischen Normierung und damit Etablierung gemeinsamen Sprachgebrauchs kennt, bleibt doch festzustellen, daß Diskurse nicht von einem diskursiven Vakuum ausgehen und aus dem Nichts heraus irgend etwas oder gar alles begründen bzw. widerlegen könnten. Mit anderen Worten, auch die diskurstheoretische Charakterisierung von Verfahren des Begründens und Widerlegens sieht sich einem *Anfangsproblem* konfrontiert: Wo sind die ersten Argumentationsschritte zu gewinnen, und wie ist bei diesen mit dem Problem zu verfahren, ob sie ihrerseits legitimiert werden können oder nicht? (In der Philosophie der Naturwissenschaften hat vor allem Hugo Dingler auf Anfangsproblem der Begründung aufmerksam gemacht.)

Die These, daß dieses Anfangsproblem nicht lösbar ist, sondern z.B. in ein „Münchhausen-Trilemma" führe – unendlicher Regreß, oder dogmatischer Anfang, oder Zirkelargumente; nach dem Baron von Münchhausen, der sich angeblich am eigenen Schopf aus dem Sumpf gezogen hat –, ist das zentrale Credo einer eigenen philosophischen Richtung geworden, nämlich des *Kritischen Rationalismus* (Karl Popper, in Deutschland Hans Albert).

Danach seien *Argumentationsanfänge*, in behauptender wie in vorschreibender Rede, *prinzipiell vorläufig* und nur einer wiederholten kritischen Prüfung zu unterwerfen; und nur solche Anfänge verdienten, einstweilen beibehalten zu werden, die sich Widerlegungsversuchen als resistent erwiesen hätten.

Es wurde bereits im Zusammenhang mit einer Kritik der Beschränkung auf Logik und Empirie als Kriterien der Wissenschaftlichkeit darauf verwiesen, daß Begründen sich nicht auf das logische Ableiten von Sätzen aus Sätzen beschränken müsse, sondern etwas mit der Etablierung erster Unterscheidungen zu tun hat – und dieses Geschäft nicht auf bloß sprachliche Aktivitäten zu beschränken ist, sondern in eine sprachfreie, handelnde Unterscheidungspraxis nach Zwecken einmündet. Das heißt also, man darf den Kritischen Rationalisten durchaus zustimmen, daß dogmatische, zirkuläre oder infinite (vermeintliche) Argumentationsanfänge nicht zulässig oder befriedigend sind – braucht ihnen aber nicht auf das rationalistische Glatteis zu folgen, daß damit jedes verbindliche Begründen und Rechtfertigen zusammenbräche, weil es keine anderen Lösungen des Anfangsproblems gäbe. Diese sollen im folgenden Abschnitt dargelegt werden:

5. Kohärenz: Handlungsspielräume und Argumentationsanfänge

Wo, wie oben gerechtfertigt, die Wahrheit oder Falschheit von Aussagen durch Begründungen oder Widerlegungen zu zeigen sind und wo die Logik als Argumentationsmittel für den Übergang von Aussagen zu Aussagen zur Verfügung steht, scheint das Problem des Argumentationsanfangs geradezu dramatische Folgen zu haben: Alle Begründungen oder Widerlegungen führen nur von Sätzen zu Sätzen, von Aussagen zu Aussagen, und erscheinen damit als abweisbarer Grund für einen beliebigen Relativismus; am Ende ließe sich alles begründen oder widerlegen, wenn nur die geeigneten Argumentationsanfänge dafür gewählt würden.

Hier erweist sich nun als hilfreich, daß oben der Anspruch auf Transsubjektivität des Begründens und Widerlegens gefaßt wurde als Anspruch an Diskursparteien, Argumente generell als handlungsleitend und kooperations-orientierend zu nehmen. Denn nur im Verständnis, Begründen und Widerlegen seien zweckfreie, rein sprachliche Aktivitäten, die ohne Handlungsrelevanz Sinn und Zweck hätten, führt das Anfangsproblem zum beliebigen Willkürakt.

Tatsächlich finden Argumentationen und Diskurse immer eingebettet in Lebenspraxen beteiligter Personen statt, die in vielfältigen Zusammenhängen und Abhängigkeiten von ihrer jeweiligen Lebenssituation und den für sie wichtigen Personen stehen. Mit anderen Worten, die Fiktion, Argumentationen fänden gleichsam im luftleeren Raum statt und hätten sich an einen beliebig frei gewählten Anfangspunkt anzuhängen, verkennen, daß *Begründungs- und Widerlegungsdiskurse Mittel zur kommunikativen Festlegung gemeinschaftlichen Handelns* sein können und hier ausschließlich als solche aufgefaßt werden.

Wo aber mit Wahrheitsanspruch vorgetragene Behauptungen und ihre Begründungen als handlungsorientierend beansprucht werden, finden Diskurse immer als Fortsetzung bisheriger Praxis statt. Das heißt, daß jedem Diskurs für die beteiligten Parteien schon vorausgeht, eine Praxis zu teilen, in der einerseits Sprachgebräuche, andererseits gemeinsam anerkannte Bedürfnisse, Zwecke, Handlungsziele und dafür bewährte Mittel schon von der Gemeinsamkeit der Praxis betroffen, also konsensfähig sind. Mit anderen Worten, die so dramatisch wirkende Gefährdung des Begründens und Widerlegens durch das Anfangsproblem besteht tatsächlich überhaupt nicht, weil alle Argumentationen immer (tatsächlich) kohärent zu bereits bestehenden Praxen sind.

Dies heißt allerdings nicht, daß unterstellt werden dürfte, es sei generell für jeden Diskurs auch schon ein Konsens bezüglich zulässiger Argumentationsanfänge gegeben. Dies muß von Fall zu Fall festgestellt werden, um im Falle des Dissenses erst einmal für eine fragliche These konsensfähige Argumentationsanfänge – wiederum im Diskurs – sicherzustellen. Einfacher gesagt, Diskurse haben Begründungen oder Widerlegungen von fraglichen Behauptungen aus bereits konsensfähigen Behauptungen, Definitionen, Normen usw. zu leisten – und wo solche nicht vorliegen, sind sie zu erarbeiten, wiederum diskursiv. Daß dies prinzipiell immer auch menschenmöglich ist, kann Philosophie nicht sicherstellen. Wo nur noch blinder Haß, rohe Gewalt oder unzugängliches Mißtrauen herrschen, hat die Wahrheit wenig Chancen.

Mit diesem Verständnis diskursiver Begründung bzw. Widerlegung wird jedoch – entgegen häufig angenommener, befürchteter wie befürworteter Folgen – kein Relativismus derart erzeugt, daß eben auch alle Wahrheiten relativ seien bezüglich zufälliger, prädiskursiver Einverständnisse. Vielmehr sind die Konsense bezüglich zulässiger Argumentationsanfänge historisch gewachsen und vielfältigen Bewährungsproben unterworfen, hinter die zurückzugehen üblicherweise nicht zu den gesehenen oder genützten Handlungsspielräumen gehört. Vielmehr werden z. B. schon erreichte Wissensbestände, Unterscheidungs- und Handlungsvermögen, erfüllbare Bedürfnisse usw. für die Begründung oder Widerlegung von Behauptungen nicht preisgegeben – und zwar nicht nur faktisch nicht, sondern vernünftigerweise nicht.

Man halte sich dazu nur konkrete Beispiele vor Augen. Wenn – etwa in einer geographischen oder in einer architektonischen Streitfrage – geometrisches Wissen verwendet wird, ist die Geometrie Euklids als Lehre von Konstruktionen geometrischer Figuren mit Zirkel und Lineal als ganze dem prädiskursiven Konsens der Diskursparteien zuzurechnen. Oder wenn es um eine wirtschaftliche Streitfrage geht, wird niemand die Erfindung und Einführung des Geldes in Frage stellen oder Grundregeln des Austausches von Waren und Dienstleistungen über eine Bezahlung mit Geld als unbekannt oder unbewährt unterstellen wollen. *Der Mittelweg zwischen bloßem Relativismus* auf der einen Seite und dem Anspruch auf eine *Absolutbegründung* (oder auch der Annahme eines notwendigen, unabänderlichen Geschichtsverlaufs) auf der anderen Seite liegt also darin, daß jeder Diskurs zur Begründung oder Widerlegung einer These *wegen ihrer handlungsleitenden Rolle Kohärenz zu einer bisher erfolgreich geübten Praxis* hat. Das heißt, diese Praxis ist nicht in allen Punkten und prinzipiell unabänderlich, sondern jeder einzelne Aspekt prädiskursiver Konsense kann selbst problematisiert werden – aber die kohärente Praxis des Handelns und Redens kann nicht als ganze verlassen, in Frage gestellt oder abgelehnt werden. Kurz, zwischen relativistischer Beliebigkeit und absoluter, ewiger Wahrheit liegt der praktisch vernünftige Mittelweg, *das Fragliche immer relativ zum bereits Bewährten* – im sprachlichen wie nichtsprachlichen Sinne – zu bewerten. Das Anfangsproblem des Argumentierens findet damit eine *kulturalistische Lösung,* denn es sind die bereits erreichten Kulturleistungen, die nicht stets aufs Neue zu begründen oder zu rechtfertigen sind, sondern die Lebensgrundlage darstellen, auf der dann neue, fragliche Thesen aufbauen.

Wegen ihres wesentlichen Bezugs zu Handlungen und Gelingen läßt sich diese kulturalistische Lösung des Anfangsproblems auch als das Programm interpretieren, *nach Möglichkeit stets Handlungserfolg auf Handlungserfolg zu gründen.*

6. Heiligt der Zweck die Mittel?

Nachdem Wahrheit in ihrem Aufforderungscharakter für handelnde Berücksichtigung bestimmt worden ist, und nachdem das vermeintlich dramatische Anfangsproblem durch Verweis auf den Sitz jeden Argumentierens im tatsächlichen Leben kulturalistisch gelöst ist, bleibt zu überlegen, ob dieser Vorschlag nicht in Konflikt gerät mit Vorverständnissen und Erwartungen, wonach Wahrheit nichts mit Bedürfnissen und Zwecken, Wünschen und Interessen zu tun hat, und deshalb auch nicht durch die in Handlungserfolg bzw. Mißerfolg divergierende Unterscheidung von wahr und falsch münden dürfe. Das berühmte Wort „der Zweck heiligt die Mittel" wird ja auch üblicherweise als Kritik an der Wahl von Mitteln verwendet, die unzulässig sind, auch wenn die verfolgten Zwecke nicht beanstandet werden und die Mittel Erfolg versprechen.

Handlungstheoretisch etwas sorgfältiger betrachtet, ist mit einem solchen Verdikt über bestimmte Mittel immer gemeint, daß außer dem nicht beanstandeten Zweck auch Nebenwirkungen erreicht werden, die durchaus zu beanstanden sind. Mit anderen Worten, werden auf einen nicht beanstandeten Zweck hin Handlungen als Mittel ergriffen, die ausschließlich diesen Zweck realisieren und keine anderen Wirkungen oder Folgen haben, so sind selbstverständlich die Mittel durch den Zweck geheiligt. Nur ist zuzugeben, daß dieser Fall äußerst selten auftritt, und daß in aller Regel wegen der Offenheit der Mittel-Zweck-Relation – ein und derselbe Zweck kann durch verschiedene Mittel erreicht werden; ein und dasselbe Mittel kann verschiedene Zwecke erreichen – Nebenwirkungen immer mitzubedenken sind. Erst wo nicht nur ein Zweck, sondern auch alle Nebenwirkungen eines Mittels unbedenklich sind, ist die Wahl der Mittel selbst zulässig.

Diese kleine Ergänzung handlungstheoretischer Grundlagen reicht hin, Bedenken zu entkräften, die Anbindung von Wahrheit an Handlungserfolg würde dies dem Ruch des „bloß Instrumentellen" aussetzen. Vielmehr ist die mit moralischem Ernst gesehene Aufgabe der *Lebensbewältigung in friedlicher Kooperation* ein theoretisch und praktisch hochrangiges Ziel, dem Wahrheit als Mittel menschlicher Kommunikation zum Zwecke gelingender Kooperation unterzuordnen ist.

Die – nicht selten bei antiken Bekenntnissen zur Wahrheit als Selbstzweck Anleihen nehmende – Verurteilung des Instrumentellen oder Mittelhaften als des gleichsam Sklavischen, auf menschliche Bedürfnisse und Nöte Beschränkten, im Gegensatz zur *zweckfreien (und zwecklosen) Wahrheitssuche* als höhere Bestimmung des Kulturmenschen ist selbst eine rechtfertigungspflichtige Auffassung. Ein rationaler Kern kann ihr insofern abgewonnen werden, als es einen erkennbaren Vorteil hat, nicht nur stets für spezielle Einzelzwecke *ad hoc* spezielle Mittel zu wählen, sondern sich eines möglichst umfassenden Vorrats an Mittelwissen zu versichern. So wäre es z.B. abwegig, für die menschlichen Kulturleistungen des Zählens und Rechnens und aller darauf bezogenen, wahrheitsfähigen mathematischen Aussagen jeweils im einzelnen Nachweise zu verlangen, für welche speziellen Zwecke sie nun die speziellen Mittel seien. Vielmehr ist Rechenkunst gleichsam ein umfassendes Repertoire an Mittelwissen für Zwecke, die weder im einzelnen bestimmt sein müssen noch auf die Vergangenheit der bereits gesetzten und verfolgten Zwecke beschränkt bleiben. Das *Mittelwissen auf Vorrat* ist vielmehr um so besser, als es auch für *zukünftige*, noch nicht aufgetretene *Zwecke* sich als hilfreich erweisen wird. Mit anderen Worten, Wahrheit durch Handlungserfolg zu definieren, heißt nicht, sich ohne Übersicht über die Kohärenz von Zwecken und Mitteln komplexer, kultureller Praxen auf die kurzsichtige Bedürfnisbefriedigung zu beschränken. Aber Wahrheit über Wertfreiheit als Selbstzweck und damit als *Wert an sich* zu bestimmen, ist nichts anderes als eine Verweigerung, Zwecke zu rechtfertigen, von den wahrheitstheoretischen Mißerfolgen der Zweckfreiheit ganz abgesehen.

Instrumentalismus als allgemeiner Name, Wahrheiten als Instrumente (Mittel) für das Erreichen von Zwecken zu begreifen und zu verfügen, ist keinen theoretischen oder praktischen Beschränkungen unterworfen außer dem Verdikt, „wahr" so zu definieren, daß sich für die Unterscheidung von wahr und falsch keine tatsächlich anwendbaren Kriterien angeben lassen.

V. Zusammenfassung:
Rationalitätskriterien der Wahrheit als Mittel

Wie Sprache eine menschliche Erfindung und Kulturleistung ist, so ist es auch eine menschliche Erfindung, Sprache selbst zum Gegenstand des Redens zu machen und dabei, als einen Teil des Redens über Reden, Bewertungen nach wahr und falsch vorzunehmen. Als menschliche, die Sprache betreffende und selbst in Sprache vollzogene Erfindung steht sie aber offen für die Frage, wozu diese Erfindung dient.

Wozu-Fragen betreffen Zwecke und Mittel, wie sie im Rahmen menschlichen Handelns gesetzt, ergriffen und beurteilt werden. Deshalb läßt sich auch im Falle des Wahrheitsproblems handlungstheoretisch fragen, welchen Bezug die immer auch außerhalb von akademischer Philosophie und Wissenschaft geübte, ja unverzichtbare Unterscheidung von wahr und falsch auf Zwecke hat – Zwecke, wie sie in allgemeinster Form als „gelingende Lebensbewältigung" zusammengefaßt werden.

Aus einer kritischen Sichtung der Wissenschaften ergibt sich einerseits, daß eine Beschränkung auf Logik und Erfahrung als wissenschaftsfähige Geltungsgründe zu eng ist, andererseits das Wahrheitsproblem keine einheitliche, alle Typen von Aussagen betreffende Antwort finden kann. Vielmehr ist eine Unterscheidung zahlreicher verschiedener Verfahren und Geltungsgründe für wahre Aussagen erforderlich, von der Geltung logischer Schlüsse über arithmetische, prototheoretische und verschiedene Formen empirischer Aussagen in den Naturwissenschaften bis zu Verfahren der handlungs- und textverstehenden Kulturwissenschaften. Da die bewährten wissenschaftlichen Verfahren der Wahrheitsgewinnung *Hochstilisierung lebensweltlicher Praxen* sind und da Wissenschaften generell in ihren Zwecken und Mitteln einen Sitz in der Lebenswelt haben, sind verschiedene Wahrheitstypen entsprechend auch in der vor- und außerwissenschaftlichen Praxis des Unterscheidens von wahr und falsch aufzusuchen.

Nach Rechtfertigung, „wahr" und „falsch" ausschließlich als Satzwahrheit bzw. -falschheit zu verstehen und durch Begründen bzw. Widerlegen explizit ausweisbar zu machen, stellt der postulierte Handlungsbezug des Redens dieses unter die *Zwecke gelingender Kommunikation und Kooperation.*

Gelingende Kommunikation heißt, daß jede Rede hinreichend verständlich sein muß, um ihrer Aufgabe gerecht zu werden, in Beratungen gemeinsame Praxis zu organisieren. Bei tatsächlich festgestellten Schwierigkeiten, etwa bei gestörter Verständlichkeit durch verschiedene Sprachgebräuche, sind Rekonstruktions- und Normierungsbemühungen auf vorfindliche Sprache zu unternehmen, um ihr die jeweils geforderte Kommunikationsleistung zu sichern.

Ein Blick auf den Erwerb der Erstsprache durch Kinder zeigt deren Einübung im Zusammenhang mit gemeinschaftlichen Handlungen und unter ihrem weitgehend auf Vorschreiben beschränkten Anfang. Anspruchsvollere semantische Mittel sowie der Übergang vom auffordernden zum behauptenden Reden lassen sich handlungstheoretisch erläutern als eine methodisch geordnete Abfolge der Differenzierung der Mittel wiederum für sprachliche Organisation gemeinschaftlicher Praxis.

Begründen und Widerlegen als ausdrückliche, d.h. sprachlich vollzogene Verfahren in einem idealisierten Diskurs nehmen einerseits eine Lösung des Anfangsproblems, d.h. der Legitimation der jeweils ersten Argumentationsschritte, durch eine kultürliche Kohärenz jeder Handlungsplanung und Argumentation mit den historisch als Kulturleistung erreichten Praxen in Anspruch. So zwischen den Extremen von Relativismus und Absolutbegründung einen Anfang bei den kultürlich bewährten Handlungsvermögen, Wissensbeständen und anerkannten Bedürfnissen nehmend, lassen sich Begründungs- und Widerlegungsdiskurse auf den Zweck des Handlungserfolges beziehen als *argumentative Bereitstellung eines Wissens zur Beseitigung oder Vermeidung von Störungen.* Störungen sind dabei immer relativiert auf Handlungszwecke. Wahrheit ist damit die Qualität behauptender Rede, ein Handlungswissen zur Vermeidung von Störungen beim Erreichen der jeweiligen Zwecke sprachlich bereitzustellen.

Als besondere *Rationalitätskriterien* wurden im Rahmen dieses Ansatzes in Anspruch genommen:

– *Prinzip der methodischen Ordnung:* Im Verhältnis von Handeln und Reden wird sowohl in vorschreibender als auch in beschreibender Rede gefordert, die für eine erfolgreiche Realisierung von Zwecken gebotene Reihenfolge von Teilhandlungen komplexer Handlungsketten nicht in sprachlicher Darstellung zu verletzen oder zu vertauschen. Mit anderen Worten, wahr sind nur Handlungsbeschreibungen (und erfolgversprechend Handlungsvorschriften), wenn sie sich in der Schrittfolge der Beschreibung (bzw. Vorschreibung) von Teilhandlungen an die tatsächlich zweckmäßige Reihenfolge halten.

– *Explizitheit:* Wahre (im Sinne von begründeter) Rede verlangt eine hinreichende Explizitheit der verwendeten Sprachmittel. Das heißt, daß alle prädiskursiven Konsense bezüglich Wortbedeutung und Sprachverwendung – im Verdachtsfalle eines Mißverständnisses durch verschiedene Sprachgebräuche bei den Diskursparteien – immer explizit bestätigt werden müssen. Wahrheitsdefekte durch sprachliche Mißverständnisse sind prinzipiell behebungsbedürftig und behebbar – im extremen Problemfall durch neue Verabredung von Sprachgebräuchen. Auch die Begründung bzw. Widerlegung von Behauptungen durch Argumentationen anstelle spontaner Überzeugungs- oder Ablehnungserlebnisse oder entsprechender psychischer Akte ist ein Gebot des Kriteriums Explizitheit.

– *Praktische Relevanz:* Zweckfreiheit des Redens etwa im Sinne einer zweckfreien Beschreibung der Wirklichkeit oder einer zweckfreien Regelung formal- oder idealwissenschaftlicher Verfahren ist die durchgängige Ursache für Probleme des Wahrheitsbegriffs, wie sie in der Philosophiegeschichte und in der Wissenschaftsgeschichte aufgetreten sind. Sie sind behebbar, wenn und insoweit menschlicher Rede generell die Aufgabe einer erfolgreichen Organisation gemeinschaftlichen Handelns zugewiesen wird. (Andere Bereiche des Redens werden von einer solchen Wahrheitstheorie nicht betroffen.) Die Herkunft des Transsubjektivitäts- und Geltungsanspruchs wird handlungstheoretisch zurückgeführt auf den Typ des Aufforderns in einer Rede, die gemeinschaftliches Handeln zum Gelingen führen soll.

– *Wahrhaftigkeit:* Wahrhaftigkeit als der Zweck eines Sprechers, andere Diskursparteien nicht über die eigenen Zwecke und Mittel zu täuschen, ist selbst als Mittel zum Gelingen der Kommunikation begreifbar: Transsubjektivität als Gleichberechtigung aller Diskursparteien würde zugelassene Täuschungen mit der Folge belasten, daß die Aufforderung des Täuschenden von ihm selbst nicht mehr mit dem Anspruch auf Befolgung erhoben werden könnte.

– *Kulturelle Beschränkungen:* Eine Theorie der Wahrheit muß nicht abstrakt und *sub specie aeternitatis* erklären. Durch die handlungsorientierende Funktion der Wahrheit bleibt sie eingebunden in die Kohärenz gemeinschaftlicher Praxen unter kulturhistorischen Bedingungen. Wahrheit betrifft Kommunikation als Mittel zu kooperativer Fortsetzung bewährter Kulturleistungen um erfolgreiche, d.h. Störungen der Zweckerreichung vermeidende Handlungen.

Literatur

Sofern von englischen Originaltexten deutsche Übersetzungen verfügbar sind, werden nur diese angegeben.

Albert, Hans, *Traktat über kritische Vernunft*, Tübingen 4. Aufl. 1980.

Apel, Karl Otto, *Transformationen der Philosophie, Bd. 2: Das Apriori der Kommunikationsgemeinschaft*, Frankfurt 1973.

Aristoteles, *Metaphysica* (Hrsg. W. Jaeger, Oxford 1960).

Austin, John Langshaw, *Wahrheit,* in: Austin J. L., *Wort und Bedeutung*, München 1975.

Black, Max, *The Semantic Definition of Truth*, in: Analysis 8, 1948, S. 49–63.

Davidson, Donald, *Wahrheit und Interpretation*, Frankfurt 1990.

Dingler, Hugo, *Die Ergreifung des Wirklichen*, München 1952.

Dummett, Michael, *Wahrheit. Fünf philosophische Aufsätze*, Stuttgart 1982.

Franzen, Winfried, *Die Bedeutung von ‚wahr‘ und ‚Wahrheit‘. Analysen zum Wahrheitsbegriff und zu einigen neueren Wahrheitstheorien*, Freiburg, München 1982.

Frege, Gottlob, *Grundgesetze der Arithmetik*, 1. Bd. Jena 1893, 2. Bd. Jena 1903.

Gerhardt, Volker und Herold, Norbert (Hrsg.), *Wahrheit und Begründung*, Würzburg 1985.

Gethmann, Carl Friedrich, *Protologik. Untersuchungen zur formalen Pragmatik von Begründungsdiskursen*, Frankfurt 1979.

Habermas, Jürgen, *Wahrheitstheorien,* in: *Wirklichkeit und Reflexion*. W. Schulz zum 60. Geburtstag, Pfullingen 1973, S. 211–265.

Hartmann, Dirk, *Konstruktive Fragelogik. Vom Elementarsatz zur Logik von Frage und Antwort,* Mannheim/Wien/Zürich 1990.

Hartmann, Dirk, Janich, Peter (Hrsg.), *Methodischer Kulturalismus. Zwischen Naturalismus und Postmoderne,* Frankfurt 1996.

Heidegger, Martin, *Vom Wesen der Wahrheit*, Frankfurt 3. Aufl. 1954.

James, William, *Der Pragmatismus. Ein neuer Name für alte Denkmethoden,* Hamburg 1977.

Janich, Peter, Friedrich Kambartel und Jürgen Mittelstraß, *Wissenschaftstheorie als Wissenschaftskritik,* Frankfurt 1974.

Janich, Peter, *Grenzen der Naturwissenschaft. Erkennen als Handeln,* München 1992.

Janich, Peter, *Konstruktivismus und Naturerkenntnis. Auf dem Weg zum Methodischen Kulturalismus,* Frankfurt 1996.

Jaspers, Karl, *Von der Wahrheit*, München 1947.

Kamlah, Wilhelm und Paul Lorenzen, *Logische Propädeutik. Vorschule des vernünftigen Redens,* Mannheim 1967.

Kamlah, Wilhelm, *Der moderne Wahrheitsbegriff*, in: *Einsichten. Festschrift für G. Krüger*, Freiburg 1962, S. 107–130.

Kirkham, Richard L., *Theories of Truth. A Critical Introduction*, MIT Boston 1992.

Kripke, Saul, *Outline of a Theory of Truth*, in: *The Journal of Philosophy* 72, 1975, S. 690–716.

Lorenz, Kuno, *Der dialogische Wahrheitsbegriff*, in: *Neue Hefte für Philosophie, Heft 2/3: Dialog als Methode*, Göttingen 1972, S. 111–123.

Patzig, Günther, *Kritische Bemerkungen zu Husserls Thesen über das Verhältnis von Wahrheit und Evidenz*, in: *Neue Hefte für Philosophie, Heft 1: Phänomenologie und Sprachanalyse*, Göttingen 1971, S. 12–32.

Pitcher, George, (Hrsg.), *Truth. Contemporary Perspectives in Philosophy Series, Englewood Cliffs*, New Jersey 1964.

Prior, Alfred North, *The Correspondence Theory of Truth*, in: *Edwards, P., Encyclopedia of Philosophy*, New York 1967, Bd. 1/2, S. 223–232.

Puntel, Lorenz B., *Wahrheitstheorien in der neueren Philosophie*, Darmstadt 1978.

Puntel, Lorenz B., *Grundlagen einer Theorie der Wahrheit*, Berlin/New York 1990.

Puntel, Lorenz B., *Wahrheit*, in: *Krings-Baumgartner-Wild* (Hrsg.), *Handbuch philosophischer Grundbegriffe*, Bd. 3, München 1974, S. 1649–1668.

Putnam, Hillary, *Vernunft, Wahrheit und Geschichte*, Frankfurt 1982.

Quine, William van Orman, *Von einem logischen Standpunkt*, Frankfurt/Berlin/Wien 1979.

Ramsey, Frank Plumpton, *Facts and Propositions*, in: Pitcher (sh. dort), S. 16–17.

Rescher, Nicholas, *The Coherence Theory of Truth*, Oxford 1973.

Russell, Bertrand, *An Enquiry into Meaning and Truth*, New York 1940.

Russell, Bertrand, *Philosophie. Die Entwicklung meines Denkens*, München 1973.

Skirbekk, Gunnar (Hrsg.), *Wahrheitstheorien. Eine Auswahl aus den Diskussionen über Wahrheit im 20. Jahrhundert*, Frankfurt 1977.

Stegmüller, Wolfgang, *Das Wahrheitsproblem und die Idee der Semantik. Eine Einführung in die Theorien von A. Tarski und R. Carnap*, Wien 2. Aufl. 1968.

Strawson, Peter Frederick, *Bedeutung und Wahrheit*, in: Strawson, Peter Frederick, *Logik und Linguistik. Aufsätze zur Sprachphilosophie*, München 1974.

Strawson, Peter Frederick, *Truth*, in: *Analysis 9*, 1949, S. 83–97.

Tarski, Alfred, *Der Wahrheitsbegriff in den formalisierten Sprachen*, in: *Studia Philosophica Commentarii Societatis Philosophicae Polonorum*, Bd. I, *Leopoli* (Lemberg) 1935, in: K. Berka und L. Kreiser (Hrsg.), *Logik-Texte. Kommentierte Auswahl zur Geschichte der modernen Logik*, Berlin 1971, S. 447–559.

Thomas v. Aquin, *Questiones Disputatae de Veritate,* Turin 1964.

Thomas v. Aquin, *Summa Theologiae,* Turin 1952.

Tugendhat, Ernst, *Der Wahrheitsbegriff bei Husserl und Heidegger,* Berlin 1967.

Wittgenstein, Ludwig, *Tractatus logico-philosophicus,* Frankfurt 1960.

Namensverzeichnis

Sachverzeichnis

Philosophie bei C. H. Beck

Gernot Böhme (Hrsg.)
Klassiker der Naturphilosophie
Von den Vorsokratikern bis zur Kopenhagener Schule
1989. 458 Seiten mit 4 Abbildungen und 24 Porträtabbildungen. Leinen

Karen Gloy
Das Verständnis der Natur
Band 1: Die Geschichte des wissenschaftlichen Denkens
1995. 354 Seiten. Leinen
Band 2: Die Geschichte des ganzheitlichen Denkens
1996. 274 Seiten. Leinen

Vittorio Hösle
Praktische Philosophie in der modernen Welt
2., um ein Nachwort erweiterte Auflage. 1995. 216 Seiten. Paperback
(Beck'sche Reihe Band 482)

Peter Janich
Die Grenzen der Naturwissenschaft
Erkennen als Handeln
1992. 241 Seiten mit 4 Abbildungen. Paperback
(Beck'sche Reihe Band 463)

Hans Richtscheid
Die Wahrheit ist persönlich
1984. 261 Seiten. Broschiert

Wolfgang Röd
Der Weg der Philosophie
Von den Anfängen bis ins 20. Jahrhundert
Band 1: Altertum, Mittelalter, Renaissance
1994. 525 Seiten. Leinen
Band 2: 17. bis 20. Jahrhundert
1996. 637 Seiten. Leinen

Reihe „Denker" bei C. H. Beck
herausgegeben von Otfried Höffe

Wolfgang Krohn
Francis Bacon
1987. 204 Seiten mit 4 Abbildungen. Paperback
(Beck'sche Reihe Band 509)

Klaus Fischer
Galileo Galilei
1983. 239 Seiten mit 6 Abbildungen. Paperback
(Beck'sche Reihe Band 504)

Otfried Höffe
Immanuel Kant
4., durchgesehene Auflage. 1996. 332 Seiten mit 8 Abbildungen.
Paperback (Beck'sche Reihe Band 506)

Ivo Schneider
Isaac Newton
1988. 194 Seiten mit 11 Abbildungen. Paperback
(Beck'sche Reihe Band 514)

Lothar Schäfer
Karl R. Popper
3. Auflage. 1996. 188 Seiten mit 4 Abbildungen. Paperback
(Beck'sche Reihe Band 516)

Wilhelm Vossenkuhl
Ludwig Wittgenstein
1995. 368 Seiten mit 8 Abbildungen. Paperback
(Beck'sche Reihe Band 532)